常氏太极创始人：常云阶先生

前言

源于《周易》阴阳之理，以太极为名创拳之说，世人虽多推崇张三丰为鼻祖，然此说也并非唯一。可谓众说纷纭，莫衷一是。然而，清朝年间，河北广府（今永年县）人氏杨禄禅之太极拳传自其师河南温县陈家沟陈长兴之说，却是不争之实。杨氏自陈家沟学成之后，被人推荐至北京传授太极拳，因其武艺高强而享誉北京城，号称“杨无敌”。连续剧《太极宗师》和电影《太极Ⅰ》、《太极Ⅱ》都是以杨禄禅为原型拍摄的，其徒多为王公大臣和贝勒贵族。咸丰年间，在端王的安排下，杨禄禅开始充任旗营武术教官。时旗营下级军官中得其太极真传者有凌山、万春和全佑等人。三人各得杨氏之“筋骨皮”：凌山善发劲，万春善刚劲，全佑善柔化。因碍于其时等级观念，三人不能与王公、贝勒等贵族同辈，故杨禄禅令此三人下拜其子杨班侯为师。

其中，全佑为满族正白旗人。满族老姓吴福氏，生于清道光十四年（1834）顺天府大兴县，卒于光绪二十八年（1902）。师从杨禄禅学习太极拳。其人外表斯文、外柔内刚，为人慷慨，学拳笃实，事师最孝，深得杨氏太极真传，以柔化著称。全佑之徒有：王茂斋、郭松亭、夏公甫、齐格忱、刘恩绶、刘彩臣、常远亭、英杰臣和其子吴鉴泉共计九人。

常远亭为蒙古族人，生于清咸丰十年（1860），卒于民国七年（1918）。入皇宫前，常远亭师从全佑学习太极拳，后经其师全佑举荐入杨班侯（1837—1892）门内进一步深造，与杨少侯（1862—1930）一起学艺，终得班侯太极秘传“三连架”。后常远亭传其子常云阶，在继承全佑老架和班侯“三连架”的基础上，常家父子两代人潜心修炼、融会贯通和学而后化，最终形成了独具一格的常氏太极。然而，常云阶先生生前始终以“吴式老架”之名对外传授太极拳。由于常云阶先生居住在上海浦东十八间地区，当地人也因此称之为“浦东太极拳”。自20世纪70年代始，为纪念太极宗师常云阶先生，其传人马殿臣等开始以“常式太极拳”之名对外普及、推广常家所传太极拳一脉；后也有人以“全佑老架太极拳”和“全佑老架常式太极拳”之名对外称之。名虽不同，风格有异，但师出同门，本为一家，大家都为常氏太极的传承各尽绵薄之力。

本书内容分为三大部分，它们分别是：一、常氏太极　岁月留痕，主要介绍常氏太极具有武术史价值之照片、文史录、常氏太极风格特点和拳谱、散手精微以及马殿臣老师拳照，让我们从中领略常氏太极的风貌；二、常氏太极文储录，主要收录常云阶先生有关太极拳练习的口述实录、常氏太极拳经、遗著以及其所珍藏之部分杨家太极拳论；三、常氏太极后续录，主要介绍常氏太极各种拳架和推手之主要理论与练法，其中“常氏太极混元内功柔软架”是常氏太极的核心内容，是区别于其他太极拳的独特拳架。该拳架以内功为本，蛙腹鹰爪，龙身蛇形；以丹田和腰脊为轴，低沉婉转，内含折叠，大架小圈；圈圈相连，如环无端，贯穿着波浪翻滚缠丝劲，保留了古典的太极拳风格。

为回报师恩、弘扬常氏太极，各位常氏太极同门师兄弟多年以来一直精心收集、整理和撰写常氏太极文稿，几易其稿，最终成书。本书向读者呈献了常氏太极之风貌和精华，以感谢广大太极拳爱好者一直以来对常氏一脉所传太极的厚爱。

由于作者水平有限以及遗留资料年代久远，可能出现错漏，这本《宫廷（常氏）太极源流及精要》的缺点与错误在所难免，仅作为抛砖引玉之用。在这里，恳切地希望广大拳友、同仁们提出宝贵的批评意见，以便我们继续修订和完善本书，使本书在推广和普及常氏太极时发挥应有的作用，更好地为广大太极拳爱好者服务。在此，不胜感谢！

刘泰山

2013 年 4 月

宫廷太极源流与精要

刘泰山◎编著

暨南大学出版社
JINAN UNIVERSITY PRESS

中国·广州

目　录

第一章　常氏太极　岁月留痕

练字经

道劲浑圆初练势，拙中见巧大功架。
谨严细腻四平架，柔韧挺秀不能忘。
勤学苦练柔软架，日积月累把身养。
先生只是领路人，艺精全凭己悟性。
最后精练快功架，轻灵敏捷妙无穷。

太极奥妙在走圈，上下相随走螺旋。
势势动作左右练，先下稳实求平准。
循环往返缠丝劲，神奇百变熟中生。
久练此功康复归，疑难顽疾也能练。
太极阴阳是精华，吞吐开合问刚柔。

常氏太极多变着，轻灵神妙世无双。
大圈小圈连圈圈，身要中正眼要尖。
左右进退正反势，相反相成益得彰。
反势正式同功用，精神贯注气势足。
太极无始更无终，阴阳相济总相同。

二〇一〇年三月五日整编

常拳既有别于吴式又不同于杨式，其架式低沉，劲走螺旋、内意丰富、起伏自如，具有浓郁的古典太极拳色彩。经研究，一致认为这是吴式的老架子、杨式的大架子，经常家父子二代人学而后化，独具一格的太极拳。

上海市武术协会主席

顾留馨

一九七六年九月十日

宠辱不惊看庭前花开花落
去留无意望天空云卷云舒

常[illegible]
二〇二年元月吉日

風雨兼程四十余載
太極養生相伴終生

刘泰山
二〇一〇年十二月十八日

一身正气

阳世奸雄违天害理皆由己

阴司报应古往今来放过谁

二〇一〇年十二月十八日

荟萃太极百家

难忘常氏一家

文武兼修德為本
藝無止境奪金銀

陳馬書
二〇一〇年十二月十八日

「重藝」就是愛好藝術，練太極學常氏，能使人心曠神怡。「輕利」則是淡薄名利，不競不爭，純屬自然，能叫人心安神穩。

陶[illegible]
二〇一〇年十二月十八日

一身正气

阳世奸雄违天害理皆由己

阴司报应古往今来放过谁

张龙根

二〇一〇年十二月六日

投師難，投名師也難。

收徒難，收育高徒也難。

哺育一位嫡系傳人難上加難。

李学忠

二〇一〇年十二月十八日

学练太极有定式
应用实战无定法
法中有法懂规矩
法外有法脱规矩
无法之法为妙法
妙法之法熟为乖

李[illegible]书
二〇一〇·十二·十八

學到精益求精藝
方爲太極門中人

黄炳熙
二零壹零年十二月十八日

第一节　常氏太极旧影

气从静生气运身　　以心行气动静分

动静未分合太极　　太极内涵重用意

三顶三挺精神兴　　摄得真功日月煎

腹心松静气腾然　　浑圆一息求柔软

文武兼修德为本　　艺无止境夺金银

学到精益求精艺　　方为太极门中人

常云阶写于一九六二年中秋

1959 年常云阶先生沪江传授武当太极拳

1963 年元旦，在上海市和平公园茶室前同仁们集体合影

单鞭

提手上势

十字手

斜飞势

倒撵猴

翻身撇身捶

龙形下势

蛇形下势

常氏太极一代宗师马殿臣先生1982年3月在浦东公园拳架

1983 年中山公园马殿臣老师与刘泰山推手

常氏太极指明法

用力不对，不用不对，绵而有刚对。

沾不对，不沾不对，不即不离对。

对顶不对，不丢不顶对。

浮不对，重不对，轻灵松沉对。

胆大不对，胆小不对，胆壮心细对。

打人不对，不打人又不对，将敌治心服口服对。

常云阶

1968 年 12 月 6 日口传

1983 年马殿臣老师率弟子及学生在中山公园

太极弟子公园合影

1982 年马殿臣老师率弟子及学生在和平公园合影

1993 年 2 月马殿臣老师又开始精心培养一代新秀

陶云弟、王斌 2003 年冬至叩拜留念

刘泰山、常惠圣 2003 年冬至叩拜留念

前排：刘泰山、卜培甫　后排：常惠贤、刘古宝 2003 年冬至叩拜留念

左起：刘泰山、马伟杰、卜培甫、常惠贤 2003 年冬至叩拜留念

展雄风，看今朝，常氏太极四代新人健康成长，2003 年冬至合影

1970 年前辈常云阶先生出殡时师辈与常氏第三代新秀及学生留念

马殿臣老师的关山门弟子郑经伟演练“揽雀尾”

常氏太极国际友人苏明月（德国籍）、倪长征 2003 年冬至叩拜

1986 年刘泰山和业余弟子

2012 年 7 月 15 日师兄弟四人

2012 年 7 月杨浦大桥小树林众弟子合影

2010 年在复兴公园常氏太极拳学员

2012 年 7 月包仁松先生与师傅、师叔合影

1983 年 7 月常振环、张伟功、吴邦才、淡玉华、汪波及常氏后秀合影

现今的常氏太极的核心力量

前排左起：刘泰山、陶云弟、李筱龙、黄炳熙

后排左起：施立奇、李荣忠、付非雨、张龙根、许望平

1984 年 3 月上海市武术协会主席顾留馨、吴英华、王志平、吴炳泉等老师二十年后再次来到和平公园茶室前与马殿臣老师及常氏太极一代新秀集体合影

第二节　常氏太极展示图

常氏太极拳图谱

（马殿臣示范）

合太极

上步挤肘

揽雀尾

提手上势

单鞭

提手上势

搂膝拗步

斜飞式

抱虎归山

翻身撇身捶

十字手

斜飞式

虎扑掌

转身扑面掌

龙形下势

肘底看捶

蛇形下势

倒撵猴

弯弓射虎

右蹬脚

进步挫捶

右分脚

退步跨虎

打虎势

上步七星

左右金鸡独立

第三节 常氏大功架示范拳照

合太极

揽雀尾

合太极

揽雀尾

合太极

揽雀尾

合太极

揽雀尾

揽雀尾

上步挤肘

单鞭

上步挤肘

单鞭

提手上势

上步挤肘

提手上势

白鹤亮翅

手挥琵琶

白鹤亮翅

手挥琵琶

左搂膝拗步

左搂膝拗步

左搂膝拗步

左搂膝拗步

右搂膝拗步

左搂膝拗步

右搂膝拗步

手挥琵琶

左搂膝拗步

进步搬拦捶

左搂膝拗步

进步搬拦捶

进步搬拦捶

如封似闭

进步搬拦捶

如封似闭

进步搬拦捶

抱虎归山

进步搬拦捶

抱虎归山

抱虎归山

十字手

十字手

十字手

十字手

右搂膝拗步

十字手

右搂膝拗步

右搂膝拗步

揽雀尾

揽雀尾

斜飞式

揽雀尾

斜飞式

揽雀尾

斜飞式

斜飞式

斜飞式

斜飞式

肘底看捶

斜飞式

肘底看捶

斜飞式

倒撵猴

倒撵猴

单鞭

倒撵猴

单鞭

倒撵猴

单鞭

单鞭

上步挤肘

上步挤肘

提手上势

上步挤肘

白鹤亮翅

上步挤肘

白鹤亮翅

提手上势

白鹤亮翅

斜搂膝拗步

海底针

斜搂膝拗步

海底针

手挥琵琶

扇通背

手挥琵琶

扇通背

翻身撇身捶

翻身撇身捶

翻身撇身捶

翻身撇身捶

翻身撇身捶

退步搬拦捶

翻身撇身捶

退步搬拦捶

退步搬拦捶

上步挤

退步搬拦捶

上步挤

退步搬拦捶

揽雀尾

退步搬拦捶

揽雀尾

揽雀尾

云手

单鞭

云手

单鞭

云手

单鞭

云手

单鞭

左披身

高探马

左披身

高探马

左披身

高探马

右分脚

右披身

左蹬脚

右披身

搂膝拗步

左踢脚

翻身撇身捶

右披身

翻身撇身捶

左披身

右蹬脚

二起脚

进步搬拦捶

退步打虎势

如封似闭

双风贯耳

抱虎归山

十字手

左玉女穿梭

搂膝拗步

右玉女穿梭

揽雀尾

揽雀尾

野马分鬃

单鞭

云手

龙形下势

云手

云手

单鞭

左右金鸡独立

倒撵猴

提手上势

单鞭

白鹤亮翅

上步挤肘

斜搂膝拗步

提手上势

手挥琵琶

海底针

单鞭

扇通背

高探马

翻身撇身捶

扑面掌

翻身撇身捶

单摆莲

揽雀尾

退步跨虎

单鞭

转身扑面掌

蛇形下势

转身双摆莲

上步七星

弯弓射虎

进步挫捶

收势

揽雀尾

收势

揽雀尾

合太极

揽雀尾

合太极

第四节　常氏太极文史录

一、先师常远亭

常远亭，蒙古族人，生于清咸丰十年（1860），卒于民国七年（1918）。常远亭生性聪颖，少年时就酷爱武术。清光绪元年（1875），常远亭受端王举荐入皇宫，后充任四品带刀侍卫及侍卫拳师。常远亭入皇宫前，师从全佑师祖学习太极拳，致力于太极拳研究。清光绪四年（1878）后，经其师全佑举荐而入杨班侯（1837—1892）门内进一步深造，与杨少侯（1862—1930）一起学艺，终得杨氏太极真传，武艺精湛，独具一格。常远亭因在全佑弟子中排行第七，宫廷内外称其为七大爷，称其拳架为“七大爷架”。

据常云阶先生回忆：“我父常远亭习练班侯老先生教授的太极，与众不同。此拳并非杨家已经流传在外的大架、老架与小架的杨氏太极的一种，而是当年杨禄禅家传且单传授予班侯的独特拳种，世所罕见，弥足珍贵。父亲承诺在得到杨家门内太极之后，不予轻易示人。”当年，班侯老先生对常远亭讲：“此拳术太极乃杨家秘传独特拳种‘三连架’①，能得到其中奥妙者，唯少侯与你两人，自应多加珍惜苦练，不得轻易外传。”

常远亭得其师全佑和杨班侯老先生之太极真传，二十年如一日，潜心研习拳艺，融会贯通，可谓别具一格，自成一体，从而在宫内确立了其“江湖”地位。清光绪二十一年（1895），常远亭被晋升为宫内二品带刀侍卫任庭院拳师。此后，常远亭只向王公、贝勒和皇子授拳传技而不外传。正所谓神龙见首不见尾，江湖上知其名者多，见其人者少。当年全佑师祖将杨式太极拳传给先师常远亭，常远亭又传给其子常庆禄（常云阶）和常庆寿（庆松年），外姓刘林贞、刘林生和鲁贵昌等人。

---

① 杨班侯太极“三连架”，经常氏父子继承和发展，逐步形成了常氏太极之风格，其拳架集形意、八卦、太极于一炉。架式柔和浑圆、古朴大方。动若苍龙盘缠，游蛇觅路。各动作招式，起伏自然，轻灵舒展。由简入繁，由方入圆，圈圈相接，如环无端，深具古典太极风韵。

二、前辈常云阶

常云阶先生（曾用名常庆禄）生于清光绪三十年（1904），卒于1970年。一代武林隐师，学者多尊称常先生。常云阶、常庆寿两人是兄弟。常云阶自1910年即6岁时随父习拳。由于其父常远亭对其要求极为严格，常先生少时每天练拳几十遍。在其父精心的传授下，常云阶练拳明规、守规、脱规和合规，十一二岁时便练得一手左右开弓、正反浑圆、柔软的常氏太极。

清政府垮台后，常云阶先生因其贵族出生，为免招麻烦不得不隐其家族与武术拳师身份，同杨氏管家太极高手田兆麟先生一起随抗日消防队由北平南下上海，继续太极拳之研究。

抗战初期，身在京都北平的常云阶先生又一次决定随抗日消防队南下上海。先是寄居在师叔吴鉴泉家中，协助吴鉴泉授拳。此后，为生活所迫，常先生经好友介绍进入上海太古码头（上港二区）担任警卫工作，其间，他经常省下自己的口粮救济码头工人。据说，有一天一位日本门卫队长河野见常云阶放任码头工人拿食物与粮食，伸手就要给常先生一记耳光，常先生以云手化解，河野小队长紧跟着一脚踢来，常先生脚到身变又一次化解，河野两次打不到常先生恼羞成怒，侧身下沉，欲给常先生一个背摔，常先生则顺势骑在河野身上，直到河野求饶才放手。第二天，常先生被日本人带到宪兵队。宪兵队长对常先生的武艺十分钦佩，要拜他为师。他们对常先生威吓利诱，再三纠缠，但常先生始终不予理睬。

常云阶先生推手擅长柔化，发劲雄浑而不失轻灵，常能将人腾空掷出。在上海浦东民生路铜山街居住期间，其邻里王成祥年长常先生十几岁，擅长技击武术，与常先生关系很好，时常在一起谈论拳技。有一次，王成祥欲试常先生之太极功夫能否用于散手。其与常先生一交手，便被常先生二三下击倒在地。王成祥领教了常先生的精妙拳艺，遂率众弟子拜常先生为师。

常云阶经过几十年的潜心修炼，深得其父之太极奥秘，太极功夫达到炉火纯青的境界。他在家传太极的基础上深入探索太极理论，并集百家之长，形成独特的龙身蛇形、低沉婉转、内含折叠的太极拳术。该拳术既有别于吴式又不同于杨式，有着浓郁的传统太极风格。他既继承了师祖全佑和杨家班侯老先生的太极精髓，又弘扬了太极真谛，为太极的继承、发展作出了应有的贡献。

20世纪50年代初期，在同仁好友的劝说下，前辈常云阶先生经过深思熟虑后，开始闭门授徒，将常家太极一脉香火传承下来。常云阶先生授拳从不收费，因材施教，择徒而授，内外有别。在常家门外传授的是全佑老架太极拳，而在常家门内单传马殿臣的是杨家班侯老先生所秘传之杨氏太极“三连架”。常云阶先生崇柔尚静，授徒极严，对学生练拳坚持要求“明规、守规、脱规、合规”。因此，传授动作较慢，常过三五日或半月左右才授拳一招一式。正所谓欲速则不达，但部分学生不解其意，不耐久之，便中途畏难而退，然而常先生始终不肯改变教拳方式。

常云阶先生寓居上海浦东民生路铜山街期间，从开国初期至1968年底，先后从其艺学拳者不下五十人，而能坚持十年以上者，仅有张伟功、马殿臣、吴邦才、戴笔、张玉涛、魏道胜、汪波、淡玉华、丁胜之、陈连喜、卜培甫等人。常先生曰：“技本无绝，练可至绝。拳无定法，练要有方。”又曰：“多练多得，少练少得，不练不得。”称得上是常先生弟子的为数不多，而能得其真传者不过二三人，可以说是凤毛麟角。

三、马殿臣老师

马殿臣生于民国二十九年（1940），卒于2003年，山东省青口人氏。1954年春天，经人推荐，时年14岁的马殿臣跟随一代武林隐师常先生学艺，精心苦练常氏太极。常先生看准了爱徒马殿臣诚真求艺的武德，打破了“十不传”的祖训，精心将马殿臣栽培为常氏太极一代传人。马殿臣老师在前辈常先生精心栽培下，不忘师教，勤学苦练。20世纪50、60年代，练得内涵极深的常氏太极后，马殿臣老师全面地继承了常云阶先生之太极武学体系，内功纯正，拳法精湛。1963年，马殿臣老师荣获上海市首届太极拳推手冠军。1970年，前辈常云阶先生逝世后，马殿臣老师为回报师恩，弘扬师德，开始极力推广普及常氏太极，其足迹遍及祖国的大江南北，为普及常氏太极鞠躬尽瘁，培养了一批又一批的常氏太极新人。今天在上海等地传授常氏太极的一代新秀中，大多数是马殿臣老师的弟子。

自20世纪70年代开始，在江浙沪一带随马殿臣老师习练常氏太极的磕头拜师以及无拜师仪式的入室弟子有三十名左右，其中包括一名义子。

据不完整的统计，在册的有蔡锡琪、王洪善、刘泰山、樊继芬、刘古宝、王志旭、祝新康、高祖亮、张继光、李筱龙、丁蒋忠、陶云弟、付飞雨、陈佳敏、高建康、潘国民、尤正龙、郑国庆、郑炷伟、王霞、陈世敏、陈马喜、李荣忠等。马殿臣老师一生致力于常氏太极的传播，学员不下数万人。

据弟子刘泰山回忆：我少年时，常见马殿臣老师在新兴路76弄20号四方院门前练拳。他穿着一身练功服，身姿玲珑，目光四射，炯炯有神。随着腰脊缓缓旋动，身内左旋右转逐渐下沉，胸腹蠕动，两臂舒展，左右旋转，缠绕变幻，犹如游蛇觅路一般。常氏太极龙身蛇形、刚柔相济的独特风格给人带来美的享受，常使围观者连声叫绝。

马殿臣老师练拳强调由浅入深，由方入圆，由慢人圈，以守为攻，化而再发。虚实变化，走化结合。上松下沉，下稳上柔。腹腔脐上脐下部位轻盈得像微风中的柔柳。每招每式皆螺旋缠绕，以心行气，以气运身，刚柔相济，上下相随，左右兼顾，以绵绵不断的内翻折叠缠丝劲独标新颖。

马殿臣老师所传承之常氏太极，无论大功架、柔软架还是快攻架，无不体现了常氏太极武学之正宗，马殿臣老师是名副其实的常氏太极一代宗师。

四、1961年6月9日常云阶先生口述实录

中国武术，太极是国粹。既是修心养生韵雅之事，又是运动与精神兼顾的养身形式。持之以恒则可以颐养心性，强身健体。内可以乐志，外可以健身。延年益寿，值得后人认真求取。

太极之术，是软硬功、鞭子劲。即使按照一定顺序和经过相当长的时间练拳，并曾得良师高人传授指导，拳友之间的切磋也不可少。更重要的是，每日锻炼时，还要体悟是如何去练拳的。我们不仅讲练拳要勤，还讲练拳方法是否得法，效果和质量又是如何。拳术以气为贵，短兵以剑为贵，兵器相见以枪为贵。世人言近日善者：拳术以孙禄堂先生为世上一绝，剑术以李景林将军为战场一绝，枪术以李书文先生马上一绝。技本无绝，练可至绝。拳无定法，练要有方。通俗地讲：效果好坏是衡量功夫好坏之尺度。“入门引路须口授，功夫无息法自修”和“功夫不负有心人”等俗语一点不假。但实际上问题并非这样简单。我的切身体会

是：练拳、练太极，要知得法与不得法问题，最终效果显然不一样。我在传授他人太极拳时，不仅要看他本人要不要练拳，还要看他练拳的动机是什么，我不希望教出来的学生是一个打手。练习太极拳重在得其精神，得精神就能文武合一。文能素手发抖，武能舍身临阵，得让天下同行说你有能耐。武功昔人好，嘴功今人好。有的人来我家只是练练玩玩而已，还有的人是道听途说而来的。虽然他们来到我这里，整日谈论，思暮数年，但一朝交手，却空洞无物，依然是门外汉，功夫未见一点长进。有的人确实是为了学能耐而来，他们学内功、练太极，是为了得到真功夫，所以每天早晚都能坚持练拳。“功夫”两字听起来很简单，真正练起来门道就不一样了。

太极不仅是单纯运动与养生，它还有其自身传承历史，与中国历史文化精髓合为一体，且须存乎其人。我父常远亭曾讲：“我师全佑当年随杨禄禅学练杨家太极拳，后又拜杨氏班侯为师习艺，因此，全佑拜杨家二代人为师。杨禄禅老拳师传授给全佑时，他是陪练生，学到的是流水架、空架子。全佑、凌山、万春学习杨家太极拳时都已经成人，已是身强体壮，又有妻室儿女。而班侯、健侯以及杨少侯练的太极童子功，基本上都是从小练起。练内家拳，重在练内。太极是内家功夫，从青少年开始练，极容易练出功夫。对练武术来讲，须知人生理周期特性不一样，男性八年一个周期，女性七年一个周期。生理周期特性是人生长的自然规律。练内功学太极，一般为四个周期。学太极不分男女，若错过好时机而未得功夫，以后功夫就极难上身。尽管练拳很勤，也只能强身健体，偶尔手法上灵活，动作上较人轻便而已。太极是软硬功、鞭子劲，纯属上乘内家功夫。历史证明，大多数高手都是从小练起。俗话说：英雄出少年。选拔后人，培养一代新秀，最好从小传授，或从其他门派中挑出好苗，为我所用，两三年后再经过单传栽培效果也一样。当年我师全佑推荐我去班侯先生那里练拳，我去时正是血气方刚、风华正茂，已有多年太极功底，也容易接受班侯先生所传的拳术，而当时班侯先生很精明，传授拳术，很讲场面，内外有别。班侯先生与我师全佑所传的太极截然不同，完全是两回事，一个是太极，一个是太极拳。太极是练内功，太极拳是健身。班侯先生经常讲：“天大还是宇宙大，太极范畴广，太极拳是单品种。”

1952 年 3 月，有位好友同仁劝我收徒传艺，以便日后有个照应。我的养子振环不想学武术太极，想学一门手艺。我曾私下问过振环，你想学什么手艺，他说学裁缝可以谋生。我当时考虑良久，最终决定少收几位学员。在尊重吴家发展太极的前提下，不伤及吴家；又考虑我父在杨家的承诺，原则上不传杨家“三连架”，于是我决定收隔壁邻舍张家两兄弟洪春（张伟功）、洪林（张伟强）为徒。他们起初学的是全佑老架太极拳，不过稍有变动，简称方架基础练功架。这样以后一旦传出去或者吴家来访也不伤和气，面子上可以过得去。凡是来我这里学拳的人，基本上由张伟功传帮带。两年后，1954 年春节前后，有人向我推荐马殿臣（小马）来学太极。我看这小孩不错，就决定让张伟功来带他学初架子。半年后，我亲自单传小马。1955 年，年长小马三岁的吴邦才也跟着来学太极。我又让张伟功传带小吴。这个戴着眼镜的小伙子很聪明，我内心想让他学全佑老架太极拳，而小马练的是班侯先生留下来的“三连架”。当时我是分开教小马与小吴的，日后他们的功力也确实不一样。

常氏太极是原汁原味的太极拳种，问世较晚，基本上保留了古典太极风韵。小吴与小马练的太极，无论风格和哲理都不同，小吴练外，小马练内。健身普及，可不分年龄，培养高手新秀，却要从小抓起，一个是健身，一个是自家门户的看家本领。要完整保留太极真谛，培养纯正太极新秀或嫡系传人不是一朝一夕就能完成的，双方都要牺牲很多。须知：

（1）投师难，投名师更难。收徒难，收育一位高徒更难，栽培一位嫡系传人，难上加难。

（2）此术十不传：

①不传外教者；②不传好色之徒者；③不传无德者；④不传性欲太多者；⑤不传守不住者；⑥不传师徒不分者；⑦不传得宝忘师者；⑧不传半途而废者；⑨不传匪事多端者；⑩不传好怒好斗者。

（3）宗言：

文武兼修德为本，艺无止境夺金银。

学到精益求精艺，方为太极门中人。

五、常云阶先生遗教

太极内功要经过长年累月磨炼后才能得到。若干年后获得功夫，可要“深藏不露”。在练拳这个圈子里，不能光靠嘴上功夫，要以武立身，以技服人，以艺制人，用心待人。在外人面前或同门师兄弟中，他人之长短一概不谈，并且代代相传，告诫后人以及门中弟子不得妄议人短。练太极，学常氏不易，能坚持下来，也算难得，千万不可在他人或同门场地有“争雄竞长”之心。学练常氏太极，就是要学轻灵松静，舍己从人，学会避让化解的“知人”功夫。

以后，你们在外推手，可以用以下方法与任何人接触：①先看，看有什么新招。②想此手法从哪条路子来。是外家拳推手还是内家拳推手方法。③功底如何。功底就是腰腿功。是外力还是内力，外力看得清，摸不着；内力摸得清，看不着。看看别人如何变化，任何情况下都必须学会保持或及时调整恢复自身平衡，掌控自身重心力点，破坏对方平衡。但有一点要注意，无论碰到谁，都不能害人家。我建议想方设法化解掉对方就行了。不要叫他人吃跟头，也不要怕输，输了必有所得。这既不伤和气，又不结仇家。这样，一时可能会有人看不起你，说你这也不行，那也不行，一百个不行，只会化，不会发。其实，时间一长这也没有什么，不必计较。内家功夫不是吹出来的，而是练出来的。因为化劲是通过日积月累的不懈努力得来的。

双方交手时，不能暗中“放劲”下毒手，搞小动作。这样的人如有朝一日学了常氏，得到真功夫，不仅会给自己惹是非，还会给他人带来麻烦。教人学艺，可不能随意乱教。一个人练成功也不容易，理应相互尊重，处处保护他人的名声，点到为止。大家推手，最好不伤和气，各自随意平衡就可以了。

我不希望我的后人及弟子是一个打手。练习常氏太极拳术，重在得其精气神。能得精气神，便能文武合一。文能素手发抖，武能舍身临阵。得让天下同行说你有能耐，这就是“文武兼修德为本，艺无止境夺金银”。

第五节 常氏太极风格和拳谱

一、常氏太极之风格特点

（1）低沉婉转，内含折叠，龙身蛇形，贯穿波浪翻滚缠丝劲；

（2）势式轻灵舒展，柔韧挺秀，守静高雅；

（3）疏通十四经脉气血，具有显著保健强身之效；

（4）含意深、蓄招多、有起伏、有跳跃和隐含于内之发劲；

（5）气淡精练，柔化为主，劲整浑圆，体用合一，保留了传统太极之特色。

二、单式动作拳谱

预备势

1．左右搂膝拗步　2．左右倒撵猴　3．左右野马分鬃

4．四角玉女穿梭　5．左右揽雀尾　6．正反单鞭

7．正反云手

合太极

三、十三势拳谱

【七种不同拳捶六种不同掌法——十三势各式皆左右正反练习】

预备势

1．起势　2．搂膝拗步　3．进步栽捶

4．翻身撇身捶　5．退步搬拦捶　6．进步搬拦捶

7．进步挫捶　8．斜飞势　9．肘底看捶

10．倒撵猴　11．野马分鬃　12．进步搂膝指裆捶

13．左右揽雀尾

合太极

四、常氏太极一零九式拳谱【普及基础练功架】

1．起式　2．揽雀尾　3．单鞭

4．上步挤肘　5．提手上势　6．白鹤亮翅

7. 左搂膝拗步	8. 手挥琵琶	9. 搂膝拗步
10. 手挥琵琶	11. 进步搬拦捶	12. 如封似闭
13. 抱虎归山	14. 十字手	15. 右搂膝拗步
16. 揽雀尾	17. 斜飞势	18. 肘底看捶
19. 倒撵猴	20. 单鞭	21. 上步挤肘
22. 提手上势	23. 白鹤亮翅	24. 斜搂膝拗步
25. 手挥琵琶	26. 海底针	27. 扇通背
28. 翻身撇身捶	29. 退步搬拦捶	30. 上步挤
31. 揽雀尾	32. 单鞭	33. 云手
34. 单鞭	35. 左高探马	36. 左披身
37. 右踢脚	38. 右高探马	39. 右披身
40. 左踢脚	41. 转身左蹬脚	42. 左搂膝拗步
43. 右搂膝拗步	44. 进步栽捶	45. 翻身撇身捶
46. 左高探马	47. 左披身二起脚	48. 退步打虎势
49. 双峰贯耳	50. 右披身	51. 左踢脚
52. 转身扑面掌	53. 左披身	54. 右蹬脚
55. 进步搬拦捶	56. 如封似闭	57. 抱虎归山
58. 十字手	59. 右搂膝拗步	60. 揽雀尾
61. 斜单鞭	62. 野马分鬃	63. 玉女穿梭
64. 揽雀尾	65. 单鞭	66. 云手
67. 单鞭	68. 龙身下势	69. 金鸡独立
70. 倒撵猴	71. 单鞭	72. 上步挤肘
73. 提手上势	74. 白鹤亮翅	75. 斜搂膝拗步
76. 手挥琵琶	77. 海底针	78. 扇通背
79. 翻身撇身捶	80. 退步搬拦捶	81. 上步挤
82. 揽雀尾	83. 单鞭	84. 云手
85. 单鞭	86. 左高探马	87. 扑面掌
88. 转身单摆莲	89. 右搂膝拗步	90. 搂膝指裆捶
91. 上步挤	92. 揽雀尾	93. 单鞭
94. 蛇形下势	95. 上步七星	96. 退步跨虎
97. 转身扑面掌	98. 转身双摆莲	99. 弯弓射虎
100. 进步挫捶	101. 上步挤	102. 揽雀尾

103. 单鞭　104. 云手　105. 单鞭
106. 左高探马　107. 上步挤　108. 揽雀尾
109. 合太极

五、混元内功（正反）柔软架拳谱【柔软架】

1. 合太极　2. 起势　3. 左右揽雀尾
4. 单鞭　5. 右上步挤肘　6. 右提手上势
7. 白鹤亮翅　8. 左搂膝拗步　9. 手挥琵琶
10. 左右搂膝拗步　11. 手挥琵琶　12. 进步左右搬拦捶
13. 如封似闭　14. 抱虎归山　15. 十字手
16. 右搂膝拗步　17. 揽雀尾　18. 左右斜飞势
19. 左右肘底看捶　20. 左右倒撵猴　21. 单鞭
22. 右上步挤肘　23. 右提手上势　24. 白鹤亮翅
25. 斜搂膝拗步　26. 左揽雀尾　27. 手挥琵琶
28. 海底针　29. 立圆扇通背　30. 右翻身撇身捶
31. 退步左右搬拦捶　32. 蛇出洞上步挤　33. 揽雀尾
34. 单鞭　35. 定步双云手　36. 单鞭
37. 高探马　38. 左披身(肘底花)　39. 右踢脚
40. 高探马　41. 右披身　42. 左踢脚
43. 转身右披身　44. 左蹬腿　45. 右搂膝拗步
46. 左进步栽捶　47. 左翻身撇身捶　48. 转身内分右栽捶
49. 右翻身撇身捶　50. 上步高探马　51. 左披身
52. 右二起脚　53. 左退步打虎势　54. 双峰贯耳
55. 右披身　56. 左二起脚　57. 右退步打虎势
58. 转身扑面掌　59. 左披身　60. 右蹬腿
61. 左右进步搬拦捶　62. 如封似闭　63. 抱虎归山
64. 十字手　65. 右搂膝拗步　66. 右揽雀尾
67. 斜单鞭　68. 左右野马分鬃　69. 定步四隅玉女穿梭
70. 四角轴线揽雀尾　71. 活步四隅玉女穿梭　72. 四角左右揽雀尾
73. 单鞭　74. 双云手　75. 反向单鞭
76. 左右龙形下势　77. 左右金鸡独立　78. 左右倒撵猴
79. 反向单鞭　80. 左上步挤肘　81. 左提手上势

82．白鹤亮翅　83．斜搂膝拗步　84．（左）揽雀尾
85．手挥琵琶　86．海底针　87．立圆扇通背
88．左翻身撇身捶　89．退步左右搬拦捶　90．蛇出洞上步挤
91．揽雀尾　92．单鞭　93．反向单云手
94．反单鞭　95．高探马　96．迎面掌
97．转身单摆莲　98．左右搂膝指挡捶　99．蛇出洞上步挤
100．右揽雀尾　101．单鞭　102．左右蛇形下势
103．上步左右七星　104．左右退步跨虎　105．转身扑面掌
106．双摆莲　107．左右弯弓射虎　108．左右进步挫捶
109．蛇出洞上步挤　110．揽雀尾　111．后单鞭
112．双云手　113．后单鞭　114．高探马
115．蛇出洞上步挤　116．揽雀尾　117．收势
118．合太极

六、常氏旋腰抖手发劲架【快功架五十式】

1．合太极　2．起势　3．左右揽雀尾
4．鹰飞单鞭　5．上步挤肘　6．提手上势
7．白鹤亮翅　8．搂膝拗步　9．手挥琵琶
10．进步左右搬拦捶　11．如封似闭　12．抱虎归山
13．十字手　14．虎扑　15．斜飞势
16．左右肘底看捶　17．倒撵猴　18．海底针
19．立圆扇通背　20．右翻身撇身捶　21．退步左右搬拦捶
22．云手　23．高探马　24．左披身右踢脚
25．右披身左踢脚　26．转身左蹬腿　27．落步搂膝拗步
28．左进步栽捶　29．左翻身撇身捶　30．转身内分右进步栽捶
31．左披身二起脚　32．退步左右打虎势　33．双峰左右贯耳
34．鹰飞高探马　35．披身踢脚　36．踢、蹬两势腿（快）
37．野马分鬃（左右）　38．（二定二活）玉女穿梭
39．龙蛇左右下势　40．搂膝指裆捶　41．左右金鸡独立
42．上步左右七星　43．左右退步跨虎　44．转身扑面掌
45．双摆莲　46．快速单摆莲　47．左右弯弓射虎
48．左右进步挫捶　49．收势　50．合太极

第六节　常氏太极散手精微歌诀

常远亭珍藏，宫廷古版散手拳谱（1912 年版）

常云阶授，常氏太极散手精微歌诀目录

（1）合太极（预备势）

（2）起势

（3）上势揽雀尾

（4）斜飞势单鞭

（5）上步挤肘

（6）提手上势

（7）海底捞月

（8）白鹤亮翅

（9）搂膝拗步

（10）手挥琵琶

（11）进步左右搬拦捶

（12）如封似闭

（13）抱虎归山（豹虎归山）

（14）十字手

（15）斜飞势

（16）肘底看捶

（17）倒撵猴

（18）海底针

（19）立圆扇通背

（20）翻身撇身捶

（21）卸步搬拦捶

（22）云手

（23）高探马

（24）分脚

（25）叶底藏花

（26）转身蹬脚

（27）落步搂膝拗步

（28）进步栽捶
（29）翻身撇身捶（白蛇吐信）
（30）披身二起脚（踢二起、连三势）
（31）退步左右打虎势
（32）双峰贯耳
（33）后冲前冲
（34）右山左山
（35）披身踢脚
（36）进步蹬足式
（37）左右野马分鬃
（38）四隅玉女穿梭（九宫步：内八字、丁字步）
（39）左右下势（左右上势）
（40）搂膝指裆捶
（41）左右金鸡独立（进步退步）
（42）左右上步七星
（43）左右转跨骑马
（44）左右退步跨虎
（45）转身扑面掌
（46）转身摆莲腿（单双）
（47）左右弯弓射虎
（48）进步挫捶
（49）收势
（50）合太极（收势）

一、合太极（预备势）①

【质朴无华（吐纳调息，清脑健神）】

气从静生气运身，以心行气动静分。

① 气非有两，柔而劲者为中气，一味硬者为横气。中气通二十椎，中气之用非中气之体。要领：放松——欲松先紧，全身放松，气贯天地（小周天），三才结合。正直：平易正直，不得歪斜。命门开，丹田气海合。（前后相配）简易：功法、势式简单安全。有恒：早、夜一次，每次一刻钟，锲而不舍，持之以恒，必有成效。

动静未分合太极，三顶三挺精神兴。
太极拳艺重用意，摄得真精鼎内煎。
纳新吐故气须圆，三垂三曲势自然。
三抱三圆螺前推，心血管病有效验。
纳气两手托上行，提自丹田升在胸。
腹收精气全提住，势若腾空上苍穹。
待得吸尽变成吐，清气沉来浊气除。
腹心松静气腾然，浑然一息还太虚。
二气循环无前后，金鸡献胸三阳式。
金凤晒膀三阴式，三抱三圆护膝势。
嘘吁呼呲嘻与吹，六字默念贯六泽。
肝心肺脾肾三焦，似守非守气引导。
任督冲带矫维脉，法轮掌转精气添。
外壮内壮任君练，巧在有意无意中。
守我之静待人动，练架莫忘此中理。
盘架盘手本一家，体松气固神要凝。
松灵虚实内外柔，太极桩功要旨诀。
操练不按体中用，修到终期艺难精。
拳威有用并非术，练拳应重技中物。
中气贯通全脊椎，中气之用柔而劲。
五脏六腑诸慢疾，久练桩功效宏伟。
衣食配伍功得真，好高骛远反落空。

二、起势

【调顺气血、左右踏踩（振心阳）】
太极起势精神敛，虚领顶劲呈自然。
抬起双臂松无滞，调和呼吸守丹田。
寓意对手取外线，立肘上掤沾其腕。
势势动作左右练，循环往返不散顿。
先向稳实求平正，神奇百变熟中生。
穿掌手贴肘下出，避实就虚才有功。
脚踏中门是准绳，斜出正入随人动。

含胸拔背下塌腰，扭步掰膝抓地牢。
沉肩垂肘伸前掌，前掌后掌力相通。
欲使梢兮先劲根，劲整相通不得松。
后肘先迭肘掩心，手再翻塌向前跟。
跟到先肘合抱力，前后两手一团神。
雕弓直放转腰斜，用意导行行气始。
气从静生气运身，以心行气动静分。
打拳全在初起势，一起得势处处先。
动必进步以占势，进必套（腿）插（裆）以跌人。
太极近身短打法，踢打跌摔兼拿法。
以意贯劲琵琶挥，斜飞、分鬃亮翅变。
撞开门户好进腿，海底捞月人蝶飞。
练拳为体求舒展，推打为用求紧化。
拳路侥幸不可有，练用应思对高手。
练时无敌当有敌，用时有敌当无敌。
出手论准不论捶，十捶不换一指位。

三、上势揽雀尾

【太极功九圈十三势，圆通赅备、增强机能】
此势原名懒扎衣，艺高胆大勇向前。
太极拳艺贵用意，腰如车轴心行气。
起势静守待人动，气沉丹田精气提。
内含八门五步劲，太极又名捆劲拳。
太极拳法妙无穷，掤捋挤按雀尾生。
蛇雀相争旋环徊，沾连粘随运用玄。
出手含掤似围墙，虽遇强敌莫慌张。
变个圈儿左右化，后步挺劲作中梁。
若逢刚劲倚逞强，顺劲下捋敌难防。
左搬右拦伤人面，或按或捋自思量。
卦象乾健首万物，禁忌上手太刚强。
力要刚兮更要柔，刚柔偏重功难收。
过刚必折万物理，优柔太盛等于休。

人刚我柔是正方，我刚人柔法亦良。
刚柔相遇腰求胜，解决纠纷步法强。
上步后足超前足，进步前足向前行。
撤步前足越后足，退步后足向后行。
上步合膝倒步掰，换掌换步矮身骸。
进退反侧随机势，只需腰腿巧安排。
向下常将按劲先，敌虽刚强莫相干。
变挤变捋从君意，拔背含胸最忌偏。
掤按双推需熟练，全凭腰腿作机关。
捋来挤去像离坎，刚柔相济势不偏。
上掤下按随时变，水火既济妙难言。
纵放屈伸人莫知，诸靠缠绕我皆依。
阴阳配备最称神，揽雀尾势推四正。
钩掤逼揽兼推压，搬挒横采也难敌。
采挒从捋演变来，肘靠挤生再延续。
揽雀总势十三法，具有解腕与拿法。
双环螺旋化直线，侧捋外挤复可按。
世人练得圈中妙，闪惊巧取更出奇。
练拳深研中庸步，步步贯通不绝路。
太极奥妙在走圈，上下相随走螺旋。
势势动作左右练，先下稳实求平准。
循环往返不散顿，神奇百变熟中生。
所画之圈有正斜，无非一圈一太极。
圈是整体周身转，旋转小到没圈形。
手足齐进横竖找，掌中乱环落不空。
欲知环中法何在，发落点对即成功。
处处蓄势能放劲，依着何处何处击。
柔过劲兮刚落点，逢实不发艺难精。
十三总势揽雀尾，作用八邪心包经。
奇经八脉膀胱经，四肢麻痹血障碍。
消化不良溃疡病，气喘便秘偏头痛。
久练此功康复归，疑难顽疾也能练。

四、斜飞势单鞭

【调动潜力】

斜走单鞭胸膛占，单鞭抹勾向胸逼。
斜飞势式着法灵，下采前挪劲相连。
单鞭一势最称雄，左像箭来右似弓。
松肩沉肘挡四面，钢鞭提斗追人魂。
一势单鞭不为奇，左右循环乃为宜。
左变右兮右变左，抽身倒步自如机。
单鞭双用正斜势，砍削抓勾随敌情。
通臂内劲意导引，目视掌心掤到头。
平衡身法轻松稳，采挒肘靠应追求。
近得身来劲变挒，或推或按任君使。
左顾右盼迎头打，先击敌人两枝花。
施腕一鞭劲需齐，左右开展双用鞭。
左右击掌反背掌（破瓜手），钩手指点喉胸膛。
护首扬鞭落击胸，点击推拿打五功。
斜飞单鞭含二式，技艺功巧倍精深。
练其形必传其神，传其神必达其意。
达其意必先其心，神形兼备内外一。
此势疏导阴维脉（内关），精神不安时心痛。
肢体无力常寒热，男疝女带胸腹块。
时习不辍效果显，脊椎强直更灵验。

五、上步挤肘

一字单鞭接挤肘，左右搭肩虎抱头。
左搬右掌丘刘势，下盘左右披挑腿。
蹲身蓄势横化进，抢步肱拳连劈揭。
劈击脚入步连心，沉香势推倒泰山。
钩足锁臂不容离，掀天揭地侧空斩。
上步挤肘攻腹下，手展步插仰面迎。
动作是假属艺术，工夫是实现真功。

求精质实拿劲路，逢拿必打丢急击。
采打采拿是一拍，即采即打如谷声。
半阴半阳合成圆，螺旋缠绕式贯穿。
似球公转地自转，八门五步十三法。
毛细血管增开放，增加交换功能力。
提高细胞活跃力，推迟细胞衰老期。
调理胃肠增营养，能防血管硬化症。

六、提手上势

遇敌推扑双合手，垂肘松肩往下沉。
提手上势长身影，含胸拔背把敌应。
脊椎伸展顶虚灵，腰腹松静肩膝灵。
蹲腿含胸再蓄势，从而一提建奇功。
下势先从左手掤，右掌直插敌裆中。
待他左手提防后，左搬右提分外凶。
敌若抽身进身挤，回身提手把其封。
提手原称上下身，全凭起伏见英雄。
高欲低兮矮欲扬，斜身绕步不需忙。
斜翻倒翻腰着力，反倒极处力要刚。
气发足跟劲至腕，管叫强敌喊三丧。
臂有掤劲能滚卷，提手锁喉再斜放。
气沉丹田身平正，按挤随机腰胯拧。
坐骨神经腰背痛，脾胃功弱消化差。
一练此式病见轻，舒展上肢治粘连。
气运夹脊和督脉，又能治疗高血压。

七、海底捞月

【(旺盛代谢) 对内功增力雄厚】
海底捞月亮翅变，下搂挑打不容情。
雁翅势侧身挨近，步既转兮手亦随。
手随人动顺敌情，起而未落占中央。
脚踏中门寻门路，敌纵有防也无妨。

斜出正入随人动，避实乘虚才有功。
鹞身双掌进裆靠，上惊下取连珠炮。
斜翻倒捞两面防，翻倒极处施腋掌。
疏导督脉命门穴，增强腹肌促循环。
左右活步似抱膝，意守风池劳宫穴。
连续晃海十次功，增加内功力厚雄。

八、白鹤亮翅

【旺盛代谢】
海底捞月亮翅变，挑打软肋不容情。
白鹤亮翅古有名，迎门铁扇对面击。
双臂擎肘足连珠，白鹤亮翅挤靠分。
自从单鞭称雄后，顾盼轻灵数着它。
步要丁虚势要蹲，即行引击快如风。
悬顶坐身寸腿踢，蓄发相变暗腿上。
上下相随宜一致，身手顺随腰腿功。
步法变化走转移，机动灵活无定踪。
双肘直立合寓开，进步双掌门封闭。
雁翅砸肘归山势，腰轮平转脊中正。
朝阳擒拿拈肘势，舒展双翅立鹤群。
攻人进招需固手，固中（节）走（两）翼识虚实。
掌使一面不为功，至少仍需两面通。
一横一直三角手，使人如在我怀中。
用到极处撤转身，脱身化影不留痕。
如何变幻端在步，出入进退腰先伸。
左右相映姿窈窕，意气连贯圆捷巧。
侧身伸臂示虚空，身胸暴露诱人攻。
引得对方乘隙进，缠搅封探争主动。
护心护裆护中线，双手松沉气贯梢。
三换两捋一挤按，搭手遇掤莫让先。
柔中有刚攻不破，刚中无柔不为坚。
避人攻守要采挒，力在惊弹走螺旋。

逞势进取贴身肘，肩胯膝打靠为先。
舒展上肢关节动，防治关节肩粘连。
疏导行气夹脊穴，能治肺虚气喘症。

九、搂膝拗步

【旋转柔松】
搂膝拗步搂手打，心眼身手步合一。
左手下搂右膝前，右手直攻敌胸前。
起肩过胯膝外搂，指点掌印盖当头。
眉间霹雳一声震，小丑天魔亦罢休。
肘外需防敌暗推，连环搂打智勇为。
进步左右应贯串，相随上下圆活力。
支撑八面守三合，运行两臂依椭圆。
脊骨中正里裆劲，呼吸丹田劲力现。
任他强硬如山岳，顾盼一掌判雄伪。
搂膝拗步斜中找，下掌拍搂圆力活。
上掌猛脆劈打胸，扑虎摆尾仰天跌。
气运膀胱奇经脉①，腰肌劳损肾阴病。
腹胀胃痛血液病，初练见效日久健。

十、手挥琵琶

【舒经透络】
搂膝拗步斜中找，手挥琵琶穿化精。
怀抱琵琶如抚弦，两手运行皆作圆。
腰脊内劲贯双掌，擒取敌臂杠杆悬。
胸间运化松且粘，手持腕肘转螺旋。
里外圈儿由我画，挥击专攻破擒拿。
通臂海针紧三锤，捋挒亮翅随敌变。
上打玄关下打阴，中间更似虎掏心。
擎起敌身趾抓地，合开吞吐瞬息间。

---

① 膀胱奇经脉：双矫、双维。

手挥琵琶听虚实，虚实神会手行动。
练拳不谙虚实理，枉费功夫终无成。
虚在当守实必冲，虚守实发掌中巧。
虚实自有虚实在，实实虚虚攻不空。
琵琶双挥藏腋掌，智取巧惊施短打。
镇静徜徉左右变，扩张胸部增肺气。
双手阴阳督脉练，玲珑秀逸心胸舒。

十一、进步左右搬拦捶

【增强机能】
搬拦敌手再用捶，发招跟步力能摧。
进步搬拦捶胸胁，穿绕沾化借他力。
左右顾盼掤连捶，搬拦得法显神威。
左搬明运右拦蓄，正身裹裆松两肩。
先搬后拦为搬拦，先拦后搬为拦搬。
此拳加在搬拦内，趁机击打无后先。
相传共有七搬拦，当中打击在中脘。
左右斜开主腋下，上打咽喉下丹田。
步下往来分进退，迟速封闭认机关。
轻灵坚硬阴阳济，尾闾中正不需偏。
发劲需用腰脊力，拳捶直进雷电闪。
手足阴阳循任督，防治首肢心脏病。

十二、如封似闭

【展伸周循，猿攀势（益肺脾）】
进步搬拦肋下使，如封似闭护正中。
关门捉敌守中攻，坠身脱铐长劲逼。
如封似闭象开合，封取圆蓄闭直攻。
腹净气沉肩肘松，腰腿臂掌进如风。
封有拿法取敌腕，攻寓听劲待敌应。
直进身正劲力整，查其动向顺其行。
推山二掌先夹肘，上步悬足待动静。

按推敌攻足疾踢，敌败逃身足急蹬。
此式先吞然后吐，手未动兮膀先收。
未从前伸先后缩，吸足再吐力独丰。
如封似闭更出奇，采挒推按四般施。
双推双扑势更凶，好似猛虎入羊群。
谨防刚劲煞不住，偶然过量即成空。
被打遇跌需雀跃，巧挤化转要合身。
太极阴阳是精华，吞吐开合问刚柔。
正隅收放任君走，动静变化何需愁。
六十四法生克手，闪化全在动中求。
轻重虚实怎的是，重里现轻勿稍留。
力一说避二说封，三始击发定防攻。
力按点线面和体①，分即为散合即起。
此势主练冲脉经，能疗心胸脾胃病。

十三、抱虎归山（豹虎归山）

抱虎归山破后敌，心清眼明手要疾。
本是败式取胜势，引进落空半进退。
险中取胜狂澜挽，抱虎归山采挒成。
脊柱伸展腰腹松，重心转换步作营。
抱虎归山撤身形，前进后退宜相应。
进攻需防平衡失，退守切忌腰裆迟。
直撤横掤化为捋，因敌前进打虎成。
抱虎单来贯耳双，举手横上打太阳。
扬鞭左右人难及，虽然圣手亦难防。
退身进步膀需横，搂打左右龙手降。
双环护体攻防继，翻身拖按敌裆中。
丁虚横掌最为强，抱虎全凭力臂长。
推出跟劲君需记，后腿蹬提敌命亡。

① 点线面和体：把圆力缩小到点，由点组成线，线组成面，面组成立体。意说对力无数，蓄于圆体之中，圆体发出处处点力之说。

抱虎豹虎名不同，归山推山实一样。
拳练败势尺让丈，战夺优势分夺寸。
莫用高难挡小敌，切记小技消大力。
此势兼循任督脉，统治肺喉胸膈病。

十四、十字手

【协调平衡、清脑、提神】
十字手法变不尽，拧裹钻翻开合奇。
左手采来右手提，紧贴紧靠莫相离。
横提骤下裆中去，变作双峰贯耳宜。
出手招招因人动，封闭对方最有功。
截前压后如封锁，滚提搭扫灵微妙。
步从三角转移灵，手取十字利化攻。
出手主要顺敌意，提防来敌左右攻。
敌人退遁前足起，敌进必需后足行。
腕臂十字相互搭，腰为中轴寓捋法。
脊背屈伸臂掤滚，虚顶含胸多变化。
卸身护膝防攻下，取腿进步疾飞斜。
十字分单作劈打，双掌前按把敌发。
三阴三阳任督脉，项背强直神志病，
咽肿肺咳胸痛泄，意气久运病根绝。

十五、斜飞势

【劲贯十指，发手壮气，抓拉提扣】
斜飞势如鹰翱翔，开劲斜击称其式。
翔寻捕搏施法招，斜飞着法用不空。
敌攻近身采挒用，坠身退走扳挽劲。
搭手斜捋翼斜飞，腰脊伸缩手足随。
中正之偏腕外飞，陡然而至颏和腮。
任他顺手来推按，腾采膊前势不旧。
倏地转向胁间去，击中期门一样危。
按手若要还搭势，变作琵琶手再挥。

如敌势正我正奇，敌势变奇我奇正。
柔身活腰拉舵尾，随风顺水驾轻舟。
斜飞分鬃势似同，上下分击攻不庸。
伸筋拔骨腰韧长，肢痛腰酸一扫光。

十六、肘底看捶

肘底看捶缠绕粘，乘隙一拳莫失机。
左右连环跟斗捶，一边单用紧三捶。
肘底看捶叶底花，移步转身三角法。
虎抱头势敌难躲，归山势成敌难挡。
两臂分作圆护顶，立肘巧妙化敌拳。
左肘花叶不是守，拧腰进击需合胯。
开合宜用深呼吸，太极捶肘把人发。
未击西兮先声东，卷珠倒流更神通。
肘底看捶护中手，不护中节全身空。
专向强敌胸胁部，拦腰直打两不差。
敌臂来时顺劲抓，执腕反扣落平沙。
倘若右手由人执，肘腕相错破擒拿。
搓时蹲身势有名，夹住敌臂任施行。
擒拿是我圈中妙，尔想逃脱势不能。
意注合谷配太冲，上下相应镇神经。
气贯十指足三里，能治肠疾胃不适。

十七、倒撵猴

倒撵猴式守中攻，轻灵倒步快如风。
搂探带引中盘下，指点掌印盖当头。
身后有敌裆中按，还需腰腿曲中求。
如逢步下钩盘倒，脚跟倒挂利如钩。
步退掌进势顺羊，蛇行常山别样灵。
打到胁间兼脑后，卷珠倒流更高明。
击左右应为好招，击前后应称招好。
相互呼应为美招，使敌难应为妙招。

倒撵猴儿迎面扑，沉气扳挽挫敌势。
退行三把倒转肱，左右粘化采捌隐。
气运膀胱和冲脉，统治脏腑各疾病。

十八、海底针

【此功对心血管病、肠胃病有良效】
海底针破擒拿法，躬身折腰一沉攻。
海底针刺指如针，直督下海俯弥深。
直刺鸠尾与中脘，期门章门一样攻。
倘逢敌手擒拿下，擦敌回撤画立圆。
掌行立圆目凝神，劲力贯注指端沉。
化却敌劲复有拿，转腰肘进侧发人。
左手搂按与推托，贴身点刺指如铁。
蓄式蹲身能聚劲，箭出弦兮针见血。
收缩眼皮睁眼看，底盘掌使显神奇。
鞠身磕头古健法，气血流畅张琪创。
身腰柔韧手足活，肾亏气虚弱转强。
来敌凶狠手擒拿，俯身一躬化兼发。
此式增强腹肌力，弯身俯腰增肾气。
柔腰俯身不低头，意注风府和水沟。
里外呼应督任脉，专治脑疾高血压。
气贯五指下插功，心血管病肠胃宁。

十九、立圆扇通背

【双手左右托天势：对高血压、神衰有效】
扇通背势闪三通①，分张如扇托架功。
右臂滚提向上托，左掌承势进前发。
丁人弓箭看步下，类似猛虎山棚闸。
前式已伏此势脉，贴身进步入裆间。
头顶上虚颏下含，脊骨内劲通背来。

① 三通即背、肩、手。

左手翻转掳敌腕，转腰背剑全力摔。
右掌横直猛攻肋，张弓放箭莫徘徊。
抢背卧牛人双倒，倒拉风舟势彼同。
内关外关双维脉，通气能疗头肢病。
腰胯疼痛不能蹲，失眠头晕高血压。

二十、翻身撇身捶

练拳莫练脱手捶，跟手跟足逼人危。
撇身捶法避敌锋，扭项回头用力攻。
腰作转折脊为轴，手腿横劲自轻灵。
右手忽为顺手执，回肘抢臂抱左肋。
左手扣紧休松劲，肋下交叉是此式。
撇身扣叠势为雄，引进原来更落空。
撇身反背一拳去，尚留左掌未前伸。
转身压腕破擒拿，齐眉一掌风红花。
右拳圆转采敌臂，左掌迎面进如风。
敌来扣腿兼扑面，移步掤推拌跌他。
拳要胜人圈中赢，圈外起力不击人。
里外呼应内外关，治膊神经效果赞。

二十一、卸步搬拦捶

撇身压腕掌齐眉，敌手忽来圈内推。
斜步合腕双捋扣，引敌头来敬一槌。
卸步原与退不同，专引敌劲向斜倾。
搬拦更不分左右，捶后还跟一掌凶。
掌使一面不为功，至少仍需两面通。
一横一直三角手，使人如在我怀中。
步法手法配身法，眼到手到腰腿到。
步法动时腰先提，收缩合宜显神奇。
手足互换交叉配，气贯双穴足三里。
能轻胃部一切疾，妇科疾病三阴取。

二十二、云手

【松散轻柔、畅通俞井穴；洗髓功马裆云手，功通任督】
双手运行云盘旋，虚领顶劲胸内含。
目视掌心神凝聚，腰脊轻旋身平转。
左砍右拨采挒肘，大圈小圈掤捋按。
太极此式极重要，虚实开合任变换。
提挂掤掷滚按推，全凭脊柱圆转随。
运到敌人双肘后，铜墙铁壁一齐推。
眼到手到腰腿到，心真神真力亦真。
三真四到合一处，防己有余能制人。
上肢循环阴阳交，能治脏腑四肢病。
活步云手多变迁，合掌云手增内功。

二十三、高探马

高探马上缠腕采，仰之弥高掌探鼻。
高探马上拦手刺，饿马提铃势至善。
捋手扑面济阴阳，太极拳中此式良。
左右连环看手势，步分顺拗联用肘。
搭手高攀龙马上，平肩正胯势需藏。
破敌擒拿取敌肘，扑面掌法可锁喉。
按挒力发腰裆劲，进肘直攻莫停留。
进退自然多变着，轻灵神妙世无双。
此势扑面掌开始，以扭转头颈告终。
气贯三里三阴交，病弱内脏机能调。
肘部曲池手合谷，头面肩膊病也消。

二十四、分脚

【抬腿非踢腿，环跳穴处，除疲降逆 、利肝】
左右分腿用脚踢，劲力起源来自脊。
蓄势沉气手要封，上下相随齐合攻。
脚跟直蹬尖作点，两臂平准重心低。

敌以一拳向前击，因势顺手捋小臂。
缘随后撤抛与掷，同时分腿可破敌。
拳势强弱在平衡，狠练弱势称内行。
撤手变捋敌劲空，分手使足势需平。
后腿微屈变蓄势，缠手掤挂脊需中。
五行步内此为雄，进退左右变无穷。
耸然一足分踢去，高至鼻梁低至胸。
见手封拿足即踢，腿长手短不怕敌。
锁臂套足施拿法，腰胯转换使摔跌。
相继分足练平衡，又能促脑清提神。

二十五、叶底藏花

叶底藏花十字招，闪展腾挪四周绕。
左山右山风轮击，横劈直砍姿窈窕。
叉天截挡制来势，双手分中双贯敲。
沉势堕身牵扳挽，斜飞撅肘敌叫饶。
回首复绞刷回栓，采挒抖弹敌腾倒。
拳打不知或不识，兵贵神速捶三疾。
柔中有刚攻不破，刚中无柔不为坚。
左右擎肘双展招，至柔至刚阴阳济。
披闪挂钩跨虎势，上惊下取敌难逃。
明师练拳重内腑，切莫肢支满天舞。
气贯手背八邪穴，能治关节麻痹痛。

二十六、转身蹬脚

左蹬足踢右蹬式，回身蹬足膝骨迎。
敌人迎面紧来追，忽然矮步转身回。
分手格拦看尺寸，蹬去一脚再不来。
转身也是画圈圈，身要中正眼要锐。
随机按手身蓄势，胜人却在转身蹬。
钩腿盘旋全身法，蓄势腿打连环法。
转身蹬足腹上踹，悬足蹬伸打援敌。

用到极处撤转身，脱身化影不留痕。
如何变幻端在步，出入进退腰先伸。
转身蹬足用脚跟，单腿回旋站立稳。
回头看瓜观十方，含胸提膝等来敌。
敌自身后来袭击，右足平转力内蓄。
左手向前取敌面，腰脊发劲脚跟现。
精神贯注气势足，镇定安详不惶恐。
眼侦敌情是先锋，凭仗手脚灵活用。
转身忽见敌来攻，闪避拦格眼要明。
开合推缠凭两臂，攻防相济快如风。
遇敌追来即止步，虚实相生腿更灵。
脚跟蹬去凭腰劲，霎时强敌昏不醒。
转身气贯带脉经，蹬足能愈足痿症。
妇女诸疾练带脉，阴部诸疾贯五枢。

二十七、落步搂膝拗步

落步原从上式来，忽然此处巧安排。
搂膝原与前一样，并步偏又出心裁。
搂膝拗步顾盼间，两臂运行成双圆。
含胸拔背腰脊力，转身蓄劲发向前。
右手抱搂左手掷，乘势进掌复可按。
灵机于顶神通背，右脚外挪可推山。
转身向左使柔化，专破循我右手推。
得陇望蜀君需记，进步抢拳向下栽。①

二十八、进步栽捶

栽拳老名击地捶，当面插下不留情。
进步栽拳破前踢，搂他扑地腰胫击。
栽拳原向鬓间打，左手搬扣且推拿。

① 后跟使劲往里往下钩回，使倾跌。乘抽收，回足仍前，遭插裆，引膝撞之，双掌猛按发劲击出。

待他左手迎拳上，栽向丹田用不差。
有时顺手被擒拿，顺劲栽击不畏他。
拳到丹田使抖劲，管教敌背落平沙。
蹬足以后进前追，箭步进身更击槌。
敌已倒时犹未放，轻如闪电快如雷。
蹬足还能引敌蹬，吃甚还甚是恒情。
提拳栽向三里去，攻变守来守变攻。
左腿向前右拳击，发劲需用脊背力。
由上向下如栽植，头过足尖最讳忌。
左搂敌手右击面，遭遇掤按宜握拳。
拳眼前后皆有用，太极拳法顺力行。
上下提沉练冲脉，内脏机能能增强。

二十九、翻身撇身捶（白蛇吐信）

撇身捶和蛇吐信，拳法相同手掌异。
撇身更带一翻身①，专防身后敌来攻。
捋手扑面寻常事，吐信伤喉格外凶。
撇身捶打闪化式，横身进步着法成。
蹲身蓄势背折靠，含胸拔背再敬拳。
撇身锤掌连环劈，侧身击敌如霹雳。
腕中反有闭拿法，指山打磨取双瞳。
白蛇吐信锁喉掌，直取下颏莫彷徨。
劲力贯注五指稍，翻身前按整身放。
正面受攻宜含胸，进步穿掌吐利锋。
背后有敌需转身，蛇信变化守与攻。
此式着法极锐利，非到紧急不能用。
阴阳双矫双维脉，身似游龙灵敏捷。

三十、披身二起脚（踢二起、连三势）

【豪放洒脱、气度非凡】

① 转身、翻身、劈身，三身合一也。

上惊下取计堪夸，二脚连环起踢他。
不是飞身腾空上，如何踢掉敌门牙。
虚实相生动静间，进退难逃太极圈。
卸步披身踢脸后，再攻一步踢胸前。
拧腰抬腿向前踢，丹田劲力贯足底。
右腿微屈顶项正，转身蓄势脚再起。
鸳鸯腿法二起足，顺势转身灵意巧。
手脚齐动目有神，沾随着劲可发人。
穿空窜地轻如燕，气贯肢梢四肢健。

三十一、退步左右打虎势

翻身二起打虎势，独特架式班侯传。
捋采退步倒阵势，势似翻腾云水怒。
劲如震荡风雷激，双拳蓄招脚隐踢。
拳起全身圆叠圆，硬如铁块软如绵。
二起击破扫荡腿，退步大捋防后敌。
连续后攻冲天炮，铁铸硬汉也求饶。
猛虎扑来势更凶，先教引进后落空。
搬打相随伤耳鬓，通天一炮血花红。
敌来握臂是双手，后搬上转粘即走。
引得敌根提起后，挥拳如箭击迎门。
打虎势气甚凶猛，龙门步开裆如门。
气沉丹田凝神视，两足虚实稳与准。
横拳截腕破直攻，沾粘捋化压其锋。
蓄劲充盈迅雷击，因敌抛掷加脚踢。
退步大捋冲天炮，悬脚采踢连三腿。
打虎势式呈武威，下采上打披身腿。
腾身退步督任练，气贯脊背膏肓穴。
大椎命门曲池配，下连双足三里位。
本是强壮秘疗法，脏器无病体更健。

三十二、双峰贯耳

双峰贯耳双环捶，迭而后贯步要追。
当胸敌打不需忙，顺式搂开贯耳光。
身法一卸即还进，太阳击中命离阳。
双峰贯耳莫犹疑，堂堂之阵正正旗。
上挪下捋随时变，如雷如电总相宜。
敌将双臂按前来，向上挪开进步推。
若还刚劲如山岳，十字拳将腕骨摧。
顺拳两臂欲何为，撤画双圈自解围。
绵里藏针凭迅速，最快无逾贯耳捶。
双拳贯耳快如风，画作双圈紧护身。
无论敌手临圈内，搂开贯耳使不轻。
拳行外线取耳门，敏捷如风使人昏。
身腿一致臂作圆，头正胸含目有神。
掸腿拨开直攻手，分散注意翻腕击。
退步后冲上前冲，兽头势式开路炮。
左山右山风轮旋，声东击西世称奇。
遇紧防下皆适宜，但需受敌情况急。
贯耳向前正身击，体松气固劲要整。
双手贯耳腰伸长，肝俞脾俞大小肠。
气贯膀胱主俞穴，激发脾胃增营养。

三十三、后冲前冲

双峰贯耳接后冲，闪退封闭夹肘轰。
后冲前冲势勇敛，端庄英姿劲内含。
后冲靠身肘击胁，紧接前冲兽头势。
当头炮势冲人怕，连环使用势莫挡。
意气风发现刚劲，心怡气敛隐柔劲。
刚柔相济击胸颏，双峰贯耳用变活。
柔若游龙刚惊涛，吞吐开合开花捶。
全身六劲融通后，方圆运用始无穷。

后冲含胸任脉运，前冲拔背督脉行。
舒松经络透通道，免疫抗病力倍增。

三十四、右山左山

右山左山威风凛，落落大方眼神传。
凌云驾雾翻花舞，浪里翻花脚生风。
左右边簪贯耳捶，双手缠绕臂双圆。
右山左山风轮捶，左右擎肘锁链缠。
大圈环转小圈蓄，小圈再张力千斤。
近靠缠绕我皆依，声东击西世界稀。
上惊下取为上计，左右连环势更灵。
进退反侧应机走，虚虚实实用不空。
虚守实发掌中巧，巧在有意无意中。
前后相击左右抛，五劳七伤能治疗。

三十五、披身踢脚

贴身起脚最为难，披身用脚事偏易。
蹲身蓄势认机关，机关全凭后脚卸。
卸他来劲用披身，捋臂分掷起脚蹬。
开合相生多变化，最愁腰腿不轻灵。
提膝寸腿趾点踢，气贯掌指暗劲点。
用脚尺寸要分明，无过不及最为神。
向后披身撤半步，向前倒叉脚追心。
踢贵神速快如风，犹疑不决不见功。
高练低踢施招手，上踢耳面下踢髁。
一触即发施内劲，身弓为主五合一。
久练此式神经灵，身体平衡人寿健。

三十六、进步蹬足式

搂打多着在上盘，引他头上苦遮拦。
忽然蹬向胸间去，致命方知太极圈。
脚导五行步五行，爰将进展显屈伸。

只因及远兼敌众，踢在前阴蹬在胸。
左右蹬足双手展，闪展腾挪封臂腿。
玉女穿梭运用玄，藏首盖面闪通臂。
手展蹬足增腰力，下肢痿痹能愈痊。

三十七、左右野马分鬃

【左右轮臂分鬃势：治肩腰痛疗有效】
斜飞单鞭此式连，右转身来右手前。
蹲身作个琵琶式，桩步穿掌好变迁。
或分或合闯东西，左右分披敌万千。
不似斜飞凭腕运，专将臂力脊间通。
肩打肘靠借腰力，折干剪腕恃拧身。
即行即击得机势，运动四两拨千斤。
野马分鬃攻腋下，随机亦可臂颈掩。
野马奔腾疾如风，头鬃分披矫若龙。
腰作枢纽胯为辅，拧进开合需放松。
头用顶劲勿偏侧，全身舒展透玲珑。
臂取敌腋横肘攻，后腿进步旋转中。
野马分鬃腋下展，松手一分把敌摧。
人众我寡敌难强，巧破千钧莫要忘。
一手不劳凭借力，走转开合反弓张。
腰脊酸痛凭此练，闪腰挫气赛如神。
冲带连系生作用，营卫气血循环盛。
畅通经络奇经脉，伸筋拔骨韧带松。

三十八、四隅玉女穿梭(九宫步：内八字、丁字步)

【运络摄血、利胆（清奇古怪，圆通赅备）】
拳起全身圆叠圆，硬如铁链软如棉。
好手一击含攻索①，好力能成在起跖②。

① 攻索：指攻中有索，索中有攻。
② 起跖：指发、攻击力，同时有一力走向地面与地吻合。

上盘右手用捆肘，右臂斜穿肘复齐。
进步伸腰发内劲，贴身滚挤莫相离。
按手进身化劲先，顺他劲来手边缠。
左缠右掤兼进步，梭要轻灵玉女穿。
双捋敌臂采还捌，如鹰搏兔要敏捷。
随他抽撤忙进步，顺手掤手拗手击。
玉女穿梭四角封，九宫步绕势更勇。
缠搬穿扣加转走，连绵不断穿梭灵。
霎步倒步乱踩花，转身翻身与撤身。
拧身回转腰主宰，手步相随体正中。
臂受敌擒腰肩松，拿取敌腕腰肘攻。
卷掌巧卸压顶力，盘旋蓄劲大包攻。
穿梭摇化托手上，左右用法一般通。
玉女穿梭巧为贵，护臂穿打四敌溃。
藏头盖面天下有，钻心剁胁世间稀。
击前击后两侧边，仙女穿针准急切。
手眼身腰步五法，意到气到眼尤要。
周身团聚加合力，左右单边克双攻。
四肢相济活八脉，五脏六腑功增强。

三十九、左右下势（左右上势）

【含胸拔背（凤点头）：降气下行，调理气血。】
下势含蓄搏龙势，上势内涵扑虎式。
势势动作左右用，前手下按后手钩。
前势似橹后如舵，退似轻网扑似箩。
左右搭肩虎抱头，使敌倾倒不能走。
双捋带列开半岔，后路穷时用不差。
下势避敌俯弥深，腿腰相随作屈伸。
脊骨直立不前倾，两足平铺气下沉。
如敌棍刀来击攻，下身骤俯眼睁瞪。
双手下按抱琵琶，拿取敌臂化七星。
前掌后钩寓单鞭，静观待变蓄精神。

下势好似立头蛇，又如一蝶下寻花。
上势扑虎指点腹，双手再作虎抱头。
下势蓄劲避锐气，单鞭上势乘锋入。
气沉丹田冲脉行，生殖膀胱疾即宁。
（似下势按梁丘穴，武当铺腿功也。）

四十、搂膝指裆捶

【增加内功】
搂膝专为防下盘，搂开左右即攻前。
既要狠毒还需快，指着他裆敬一拳。
任他铁臂与铜墙，如向强敌莫慌张。
提拳直指裆间去，管教顷刻命离阳。
搂膝进步指裆捶，后腿蹬直正腰椎。
右肩松开身前探，顶劲不俯有神威。
搬开右手乘势追，劲起脊背贯右捶。
向前直下径直裆，指裆捶下靠为锋。
行步插攻似指裆，双手意守十指宣。
发手壮气利胆经，八丁虎步内功增。

四十一、左右金鸡独立（进步退步）

更鸡报晓神充沛，心情怡静势自然。
好似神龙升上天，凤凰展翅立平原。
擎掌托伤颏仰面，提膝直撞下丹田。
步下连随分进退，手中擎按换阴阳。
敌拳击来心莫慌，提膝顺手扑面伤。
金鸡扬翅单足立，项松顶悬趾抓地。
稳妥正直不动摇，三尖相对守中意。
扬臂护耳向外掤，提膝更有点踢蹬。
手足相随静待变，上提下笼卸亦攻。
金鸡独立沾上风，提膝上打致命处。
上下提笼君需记，下伤二足不留情。
左右独立随势起，撩撞闭踢任我为。
独立披面腋掌势，三式连用势凌厉。

上下提沉气血顺，调和阴阳周天功。
顺气消滞散瘀血，头晕脑涨失眠宁。
左右进退正反势，相反相成益得彰。
反势正势同功用，增强免疫复平衡。

四十二、左右上步七星

上步七星架手式，闪展擒拿变无穷。
上步七星防上打，掤架之下直拳驰。
扑地鸡飞向半空，躬身换臂拱北辰。
左臂撑圆掤带捋，右拳冲上时当心。
贴胸抵颏弥高扬，反背奔出敌面迎。
腾身上步七星拳，迎面通天勇向前。
上惊下取随机变，忽然退步撤身边。
上步七星克敌攻，双臂相挽宜含胸。
两掌斜对如北斗，上步寓重右足中。
掌进直向迎面劈，掌落撇捶当胸击。
右脚虚点头正悬，膝顶足踹因机变。
含胸拔背气血运，气血充盈体康宁。
心脏有力供氧强，改善贫血护大脑。

四十三、左右转跨骑马

左右转跨骑马势，两臂运行成双圈。
遇敌上前迫近打，顾住三前盼七星。
敌人迫近来打我，闪开正中定横中。
避人攻守要采挒，提防左右主力攻。
含胸拔背腰脊力，转身蓄劲发向前。
右手抱搂左手掷，乘势捋挒进掌按。
机灵于顶神通背，手足齐前可推山。
退步三按倒退采，左右交错撅穿推。
出手招招因人动，封闭对方最有功。
步从三角转移灵，手取十字利化攻。
眼到手到腰腿到，全身协调发劲整。

能伸能屈步履稳，随机得势能制人。
身如游龙马腾空，虎撞龟游蛇行动。
围回联连势无定，斜横进退势从容。
全身松静脑清晰，气血通达氧化足。
消除疲劳精神充，解除烦闷血压衡。
善治神衰失眠症，防病此式推最益。

四十四、左右退步跨虎

跨虎势挪移发足，闪退不使他人知。
上惊下取随机变，忽然退步撤身边。
退步跨虎闪正中，势成跨虎身中正。
蓄势藏招左右边，步守龙门稳下盘。
右手采缠敌肘后，左掌直扑下丹田。
上挑掌藏身进步，下勾掌退步进身。
猛敌正面来进攻，挑勾上下急救应。
退步跨虎脊背力，手作勾掌分两臂。
身体下踞称伏虎，右实左虚趾点地。
左手搂敌取钩意，右掌进击左足踢。
凝神注目回头看，变化诸端身上起。
太极圈内变多端，进退阴阳转瞬间。
击面虚着修栈道，反怕小腹度陈仓。
拗手采缠人难见，顺劲掤推敌便偏。
不但上接七星式，摆莲射虎一齐连。
敌进我退避敌锋，让出地位引落空。
回首一击常切中，败中取胜时有功。
螺旋缠绕发潜功，旺盛代谢调神经。
软化血管通经络，消除疲劳增食欲。

四十五、转身扑面掌

转身扑面掌重使，后手擒颈前掌披。
盖点按捺三角区，神庭印堂素窌中。
双足互转踵下沉，脸流满红命送终。

力从极处哼哈泄，混元一气从此得。
用到极处撤转身，脱身化影不留痕。
如何变幻端在步，出入进退腰先伸。
打人凭手膀为根，膀在前端不会伸。
故欲进时进前步，若进后步枉劳神。
力足发自筋与骨，骨中出硬筋需附。
足跟大筋通脑脊，发招跟步力能摧。
人众势寡敌后来，翻身劈面斜穿掌。
拿阴锁喉取廉中，面脑齐掩敌难藏。
踢臁采足蹬麻穴①，微微一掌显神威。
前招后招击背胸，探马射虎一样使。
左右连环势莫挡，前后开花捶更凶。
五弓六劲融通后，全身运用始无穷。

四十六、转身摆莲腿（单双）

身体回转作平圆，双手起舞如风旋。
含胸正头不斜偏，起脚旁踢双摆莲。
转身动作避敌锋，捋开敌手横脚攻。
摆莲劲力贯小腿，风抖落叶摇曳中。
单摆足惊钩腿起，双摆双捋足拌跌。
单摆原名凤栖枝，双摆古名凰蹬枝。
满身轻捷若无骨，撒开全身满是手。
十字腿起分手拦，上惊下取最得势。
摆莲腿法软骨断，指裆捶下靠为锋。
摆莲横腿最为精，此外还添一转身。
平圆扫去英雄倒，转后扑击神鬼惊。
连环直打势真凶，双采敌臂敌前倾。
右转身来急起步，摆莲横腿建奇功。
转身摆莲护腿进，上下相随着法精。
转身摆莲带括扫，前后应敌旋风势。

① 麻穴：膝眼、阴陵泉穴。

全身细胞活力增，挖掘人体内潜功。
分清开合阴阳势，虚实提沉自然运。
改善消化通便秘，腰臀坐骨关节痛。

四十七、左右弯弓射虎

射虎原名当头炮，五弓合一身弓主。
骑马张弓下射虎，腰为枢纽掌成弧。
两臂运行腰身随，双拳前进螺旋推。
螺旋倾斜需向下，因敌后退劲力大。
身体前探守中定，五弓合一四边张。
太极拳法妙无穷，弯弓射虎挑打胸。
弯弓射虎如放矢，沉劲蓄气双拳使。
左臂由人双手擒，用来此处似弯弓。
画圈上转当头炮，不怕他人不放松。
贴着他身顺劲走，后撤上转敌松手。
太阳穴上右拳冲，任他铁汉也担忧。
得势全凭一转圈，屈伸开合变无穷。
从人舍己顺敌势，柔化刚制把身安。
柔和肌肉血管松，增加弹韧血畅通。
心脏功强解血栓，改善身体肥胖症。

四十八、进步挫捶

掤捋采挒随步上，打人不防摇摇荡。
出手打人腰步催，进退咸宜脚跟随。
拗鸾肘出步颠剁，搬下掌摘打真心。
拿阴捉兔硬开弓，上下相随宜一致。
青龙出水顺鸾肘，左右压进无缝锁。
直撞下压横击上，得机得势应重创。
遇巧得势就拿跌，滚穿劈靠抹一钩。
何处侵来何处击，紧近劲急切合一。
气通全身固下盘，用意沉降身松串。
畅通经络四肢活，脏腑柔摩机能强。

改善肥胖脉硬化，能驱寒湿关节痛。

四十九、收势

【蹲身提顶三式:①扬掌上行；②漱口蹲顶；③定看掌（开导任督脉）。散阳入络，固肾、健胃。】

太极收势双回气，气从静生气遍身。
力不摆架意引劲，劲不露形忽现隐。
一起得势处处先，收势更宜环相连。
奇偶对夺①桩如铁，波浪相推力不竭。
学练功夫有定式，应用实战无定法。
法中有法懂规矩，法外有法脱规矩。
无法之法为妙法，妙法之法孰为乖。
收势斜飞分鬃势，掤采沉提凌空劲。
雁翅腋掌开合借，蓄发相变快慢应。
引拿按推双搭肩，敷听粘走神气关。
隅方相变吞吐劲，擎肘贯耳琵琶逞。
智取巧胜太极劲，敌躲无门虎抱头。
一元复始一太极，阴阳变化万象新。
动而复静护大脑，消除疲劳思维高。
整体锻炼平衡调，常葆青春康寿老。

五十、合太极（收势）

【浑圆一气、清除心火、保养精神】

斜飞势式顾盼定，太极合手式完成。
周身大用意为主，体松气固神要凝。
太极无始更无终，阴阳相济总相同。
走即粘来粘即走，攻变守来守变攻。
收势意气归丹田，心静神怡从此得。
拳要胜人圈中赢，圈外起力不击人。

---

① 奇偶对夺：指全身各部位，一凸一凹相互对锁。发力时各圆展直，解力时各圆能消。

知彼知己真英杰，孰着孰劲见神明。
任他强敌多机变，焉能逃出此圈中。
练拳力势一气成，临阵应变看行情。
练功不谙力组合，打烂沙袋也白搭。
拳眼有极也无极，否成一力坏十力①。
走圈三盘逐步练，初练上盘架稍高。
中盘屈膝势渐蹲，低盘讲究平膝胯。
遒劲浑圆初练势，拙中见巧大功架。
谨严细腻四平架，柔韧挺秀不能忘。
最后精练为快架，轻灵敏捷多变幻。
有情有景意气灵，出神入化化入神。
太极真谛不玄虚，顺随解化走转移。
不招不架不丢顶，舍己从人顺敌情。

① 十力：指人体产生力后，有十种力能自损人体本身，即①人体结构束缚力；②人体器官负载力；③惯性冲力；④反作用力；⑤失重力；⑥对消除力；⑦单向力；⑧单度力；⑨空间消耗力；⑩无根力。

第二章　常氏太极文储录

第一节　1963年4月20日 常云阶先生口述实录（明规）

目前学练常氏太极拳一般都是从单动作入门，之后再从五步着手。单动作练上两到三个月之后，开始分解单动作。单动作是基础之基础，基础功底扎实了，拳架子就不会差。单动作讲究“手分阴阳，脚分虚实，身体中正，圈圈衔接”。基础练功架之特点有三：舒展大方、低沉婉转和内含折叠。太极拳系武当内家拳，常氏太极也不例外。无论男女老少皆可练之。小孩8岁以上，老年人65岁开外，只要有人肯传，数年后均有收获。七个单动作，大约需要一个月的时间来练习。若进一步深入，经明师点明，进而学练蛤蟆功（简称蛙腹），习之数月，则可很快掌握逆（腹）式呼吸的方法。

在上述基础上，开始学习十三势，其中架式需三个月左右的练习时间，半年才能练熟练精，正反练习最佳。日后越练越精，但非真传不可。不得真传，练拳十年，也终是糊涂，不知精微奥妙及其应用也。十三势初练时，每日只能一手一式练之，练习到位之后，又要分解练之。每日早晚练拳二三次均可。初练十三势时，专心融入，练之三个月后，反觉不如以前，练到此时正是换劲阶段，是功夫有所长进的现象。

太极拳系内家拳，力出于骨，劲蓄于筋。不求皮坚肉厚，而求气深骨坚，故无张筋锁骨之苦，无跳跃奋力之势，只求顺其自然，求先天之本能，为返本归原之功夫。

练太极拳要做到“形到、意到、气到和神到”。如身法正确，神意俱到，则进步神速，每日练习均有不同感觉，练习者宜细心体悟。如身法不合、神意不到，则犹如火煮空罐，即使练有十年太极，亦不如练外家拳三年有用，结果还是门外汉。故第一要勤练，第二要有悟性。

练拳时的呼吸，开始以自然呼吸为佳。日久功深后，便从蛤蟆功中求得逆式呼吸。功夫纯熟后，呼吸自然均匀、细长。

太极十三势本为导引功夫，导引者，导引气血也。故练之日久，则能起到气血调匀、百病消除之效。练习此功，需有师傅传授，循序渐进。比如“气沉丹田”，功夫到了自然会气沉丹田而行于百会，切记此乃水到渠成的功夫，不可强求。

松肩垂肘，乃言力不可聚于肩背，要将力移至手臂肘尖前一节。此乃只能意会不能言传，学者要细心体悟，不可逆而行之，且不得滞重力沉而致难于轻灵舒展。

提顶吊裆。提顶要天柱头额正直，吊裆则气由尾闾向上抽提。收劲时胸要稍稍含虚，放劲时要天柱微直，切不可弓腰驼背猴头猫腰。练拳一次约一小时至一个半小时为佳。七个单动作，每次练习两遍，共约十五分钟，目的是舒筋活血。十三势太极练习约二十分钟为宜，目的是导引逆式呼吸，练形、练意、练气和练神。功夫纯熟后，出手便能臂松气沉无滞结，身正脚轻无脱节。三年间，头年完成轻、松、沉、慢及沾粘连随。

后三年知觉懂劲，从木棍中求得①，结合蛤蟆功法，以气运身，多练多悟，熟能生巧，自能得沾粘连随之妙。上下二法在头年完成，无喘气现象便已入门。若勤练拳架，效果不分上下，前三年来得较快，后三年来得较慢。最好是两者结合，效果更佳，日后亦能懂劲。

头年在五步熟练后，可开始推手。推手时要细心揣摩，不可将对方推出以为胜者。练习推手目的是寻找你我之重心，犹如木棍点击树木一样，双方各自琢磨你我中心。若能掌握对方重心，使其时时被我掌控者谓之过门。

太极练至五年以上，行、坐、卧皆可行功，其功法以心行气，以气运身而求知觉。比如无意之间用手取一杯清水，用力时与不用时有何不同感觉；走路时，自身举步之轻重如何；立定之时，屈腿而立与直腿而立又有何感觉；一足着地和双足着力，均可体验，可从梅花步中求得。最后，用一只皮球放在水池中，用手轻轻按着皮球，沉至水中一半，看

① 太极拳之懂劲，从拳架和推手中推求。但本手抄本之原文，还提到从“木棍”和“蛤蟆功”中求得懂劲功夫。

看感觉如何。

从七个单动作、正反十三势、一零九式拳架中，逐一过关，看自身情况到底如何。初练时肯定有酸痛感觉，此种现象谓之换力、换劲，不必惊慌，也不可灰心。长期坚持练习太极即会腰腿轻灵、神满气足。

得前辈真传的有三套拳术：①大功架，亦称方架基础练功架；②柔软架，亦称混元内功柔软架；③快功架，亦称旋腰抖手发劲架。在我一生学生中，唯小马（马殿臣）练得最好，望后学者从小马那里得到真传。

第二节　1963 年 12 月 25 日晚常云阶先生口述实录

我个人认为要把太极练好，除了要有真传以外，还必须有万夫不当之勇和不折不挠的毅力。否则，必然功败垂成。练常氏太极，首先要练“松”字。这“松”功可不简单，脚趾、脚踝、膝盖、腰胯、两肩、肘臂、腕关节，包括手指等全部都要松开，周身九节，节节能松。这么一练，差不多需要二至三年才能见成效。练“松”是常氏太极的第一步。常氏太极毕竟是一个拳种，有它的独特功力。第二步，练“轻”字。这里的“轻”，不是传说中的“轻功”，可以飞檐走壁，而是自身腰下的腿功如何。腿部几乎是柔柔韧韧的。但这里练的东西很多，值得研究。要你站如钉，而两脚犹如猫行一样轻松，那就有难度了。第三步，练“丹田气”。我讲的是太极里边的丹田内气，能否内气翻滚。我说的内气，不是外传说的气功。内气能上能下，又能把气运至周身梢端指节，想叫它到哪就到哪，我们称之为随心所欲。周身上下无一不能运气，你若不信，可以试试。我可用小手指指点你的手心，你会感觉到有一股气流；也可以随你往哪里按我，我可以不加思考地从哪里弹你。值得一提的是，太极的最高境界是“气”。我常说：“太极与武术，气为贵。”既然能做到运气，就要知道如何能使气出于你的手而传于身体之外，同时也能传到对方的身体里面去，然后又能使气与对方的气沟通，两个人的气变成一个人的，此时就可能运用自如。你想叫他干什么，他就干什么。你若想叫他跪下，他肯定跪下；你叫他躺下，就肯定躺下，他这个人受你的内气控制。这功夫叫炉火纯青，很不好练，至少要十年如一日的练功，才能得到此功夫。

我父常远亭讲“少侯的凌空劲无形无象，全身透空，应物自然，西山悬磬，虎吼猿鸣，泉清河静”，“少侯拳架团圆紧凑，乍急乍徐，发劲刚脆，目光如电，冷笑险嘻，哼哈作声，气势逼人”，“少侯手法复杂多变，碰啄拿劈，分筋锁骨，点穴闭户，按脉截脉，确能以柔克刚，粘随抖接，出奇制胜，犯者立扑”。

常氏太极发劲制人，其妙在刚柔相济、阴阳互用。苟徒持纯柔，借力制人，化而再发。或持刚劲以化劲制人，非深知其法者不能有如此手法。因此，常氏太极阴中有阳，阳中有阴，阴阳相济，虚实分明，刚柔并施；快慢相替，松紧并存，臂松脚轻，身正收额，大架小圈，柔软小弧，真正进入“全身处处太极味，埋首松软是太极”的境界。

我父常远亭讲：“杨家有一整套严格训练的方式，一旦投入练拳，一般不少于两个小时。练拳中着重单动作练习，经常在树干上试手，按、挤、挫、肘等各种内发劲。切记‘苦练单动作出功夫’。”

什么叫“松”，“松”的感觉可以从细小的日常生活中去寻找。比如，每日你在面盆洗脸、洗手时，洗完之后，当你双手轻轻往下甩水的瞬间，你想一想会不会有力，是否会使劲地甩水，我认为不可能会使劲地甩手。这样轻松地一甩、一抖，就是我们练太极者所求的松劲。学常氏太极，就是要松。特别是左右双臂，从肩、肘、腕、指等都要松，而不是用力，就是这个道理。

为什么脚要“轻”，平时练太极，很多人对脚要轻理解得不够。建议在日常生活中去观察和领悟一下，这个问题就不难理解了。比如在冬天，有没有人用手去摸“汤婆子”①，我想肯定有不少人试过去摸汤婆子的。冬天，你的脚伸进被窝里，此时被子里很冷，而被子里的汤婆子却很烫，特别是铜制的传热很快。当你伸脚去碰汤婆子的瞬间，你的脚肯定是又轻又小心地伸进去接触那汤婆子的。而你的脚一旦碰到汤婆子时，你肯定会本能地把脚猛地缩回来。此时，你想过没有，你的注意力不在脚上，而是在汤婆子上。脚的伸进缩回不可能用力，这也是本能的反应。可以说那时你是放松的，但是对于肌肤冷热，你在意识中已经感觉到了。如

① 注：汤婆子，宋代时已有。“汤”，古代汉语指滚水；“婆子”则戏指其陪伴人睡眠的功用。上海地区家庭取暖用具，充满热水后放置被窝以提高温度，是一种铜质的圆壶。

果你的脚用力的话，反而是慢而僵的，脚就不灵不快了，弄不好脚会被烫伤。反过来，脚懒洋洋地伸进去，脚却是很松的，受意识的控制，意识决定了松的程度。反过来，松又支配了脚的轻重，它们是相互相成的，缺一不可。我讲手臂要松，脚要轻，目的就是要克服双重和偏重。

第三节　常氏太极拳经

【此拳经是前辈常云阶先生留下的遗著，于1966年秋传给马殿臣老师，为练常氏太极者必读。由于年代较久，对个别词组搭配作了文字修改，原则上保留原稿件的真实性。】

学者：

习武容易坚持难，学拳容易学精难，学拳容易改拳难。

前三年易学，后三年寸步难行。学到知羞处，方知艺不高。

勤学苦练不逞能，日积月累功夫深。

练武不认真，功夫难上身。要学惊人艺，需下苦功夫。

百看不如一练，久练不如一专。

拳不离手，曲不离口，一日练拳一日功，十日不练十日空。

夏练三伏，冬练三九。勤奋出才智，苦练出功夫。

多练多得，少练少得，不练不得。

要练功，不能松，要练武，别怕苦。

练武不刻苦，到老一场空，拳练万遍，神理自现。

师徒：

教拳要严，授拳要慎；学拳要诚，练拳要勤。

严是爱，宠是害，骄骄之子难成才。

严师出高徒，苦练出功夫。

心传口授，身体力行，不图虚名，立足武林。

以武立身，以技服人，以艺制人，用心待人。

精讲多练习，身教重于言教。要学真本事，择师很重要。

师傅领进门，苦练在本人。师傅带进门，修艺勤为贵。

先生只是领路人，艺精全凭己悟性。

师勤徒不懒，师懒徒好闲。
尊师爱徒，胜似兄长。
学到精益求精艺，方为太极门中人。

练功指南：

练功以松静为原则，呼吸以柔和为标准。
切记内练精气神，莫忘外修玲珑体。
周身节节灵活，意气贯注，内外兼合。
内练一口气，外练筋骨皮。功架柔架，内外兼修。
功架求长，柔架紧凑。练功如打铁，百炼成真钢。
功架三年成，柔架练万遍，十年太极不出门。
腰是蛇头，手是尾。腰似蛇形，背是龙。
练拳不旋劲，只是皮肉劲。
曲收内收缠丝劲，龙伸蛇引合太极。
软硬刚柔任意行，内外兼修分虚实。
切记腰腿无功，全身皆空。

手法：

指戳一点，拳打一片。钩手如鹰嘴，擒手似鹰爪。
两肘内意合，两手阴阳掌。
拳从心肋发，劲从地面起。穿掌不过耳，掌腕不越眉角尖。
步随身换，手随势变，出拳伸掌臂要松。

眼法：

神聚于眼，眼为心之苗。神出于心，表露于目。
眼随手转，目光四射。眼随手动，目随势注。
手似流星，眼如闪电。视线平整，形神合一。
踢打靠肘蹬，五法靠眼捷。
拳到眼不到，这叫瞎胡闹。
练拳莫闭目，闭目非真拳。

身法：

拳练千遍，身法自然。练拳容易，身法难。

身如游龙，腰似蛇形。上下相随，内外兼修。

点头哈腰，传授不高。猴头猫腰，不打自倒。

步随身换，身随气动。

腰动出拳劲路好，身动步到蛇形掌。

顶平则头正，肩平则身正，头正身稳，尾闾中正。

练拳不练腰，终身艺难高。

步法：

练拳容易走步难，步不稳则拳乱，步不圆则拳钝。

站如钉，行如风。步不到，不出招。

掀掌拔跟，自立不稳；步大不灵，步小不稳。

圈圈大小两扇门，一步练错百步歪。

动腰后动步，然后看伸手。

步法全靠腰，切切要记牢。

太极：

太极原生软硬中，虚实变幻妙无穷。

若问劲意何处来，软硬刚柔任意行。

虚中着实实中虚，柔软现刚需待机。

彼强我弱需当守，彼弱我强柔现刚。

劲有折叠，气有往返；形有变幻，势要灵活。

人不知我，我独知人。

要学惊人艺，需下苦功夫。

指功：

四寸见方小米袋，指力腕力全靠它；

技艺只传有心人，不传歹徒与小人；

神明内力练太极，人世沧桑难预料；

文武兼修德为本，艺无止境夺金银。

第四节　太极运动原理及其与养身的关系

拳术为运动之一，用以锻炼身心、振奋精神。人能运动，犹如流水不腐、户枢不蠹。然吾国拳术源远流长，派别甚多。其外形有主刚者，有主柔者。世人以少林拳劲乐外，皆主刚。太极内劲蕴于内，均主柔。殊不知少林拳艺高者，皆刚柔并济，而无闭响脚等全行主刚弊。而太极中上乘功夫者亦然，皮肉之软酷似软棉，而内气之坚，犹如钢铁一般坚硬。所谓丝棉裹铁弹是也。故无论何派，刚柔不可偏重，亦不可偏倚，全视何者本人，用之得势耳。学太极者，每式可求于柔软，又不可萎靡不振。无精打采不利也。后学者当知太极之基本优点，为动作慢匀，呼吸自然，敛气凝神，不可用过分之力，均以柔和为主。此太极招式柔绵，呼吸和顺，精气神与内劲，均皆饱满之谓。绝非内劲外露，皆萎靡不振之柔软，非也！即使在日常生活中，若遇敌手，自身便能卸力制力。卸力者，功力上必须含有如棉花柔软之劲。拙力固不可有，内劲也不可无，有四两之巧劲，方可拨千斤之拙力。若没有四两之劲，何能未知？夫慢而后柔，卸力就是四两之劲。一旦对手用拳来打我身时，就是靠卸力来化解吞吐千斤之力。我们能柔软则筋骨舒展，气血调和。呼吸自然，由此深长，精神又可以奋发。虽然年老体弱及身患疾病，如肺病、心脏病、高血压、四肢麻木等诸病，亦可选择而练之。

总之，太极之功效能弥补先天之不足，又可弥补后天之亏损。倘能在壮年、青年、少年时即从事练习太极，持之以恒，则可终身得益，更非笔墨所能尽述。因年少时，精力充沛，只要肯下苦功，在明师指导下，按“控规”指令成就较迅速，在“控规”指令下苦练五至六年定有成效。至年壮时，体力强健、身无患病，晚年愈神旺气足、举动轻灵，而绝无腰酸背痛、精神萎靡、佝偻跛足、气促呻吟等病象。其中缘故，犹如金钱储蓄。年轻时常练太极者，昔日善于积蓄，终老时可以享受。倘早年不注意积蓄，危急时则无从支配。此外，练太极者，并非人人都可以得到“控规”。所谓“控规”就是十二个字：头正、身稳、臂松、脚轻、诺收、黏放。在“控规”的前提下练拳，我们谓之练功，也容易得到精、气、神。佛家有言：“天有三宝日月星，地有三宝水火风，人有三宝精气神。”在人之三宝中，精要化为气，气要化为神，神是精气之和，神乃人之灵魂。所以静心练拳最终要归结到养气、养神上来。神凝才能气定，气定才能心静。养神就是要净化人的灵魂。如果你的灵魂深处是美好的、善良的，那你就拥有了“不老之药”，而且会成为众人羡慕的太极养身高手。练太极，学常氏太极的内涵至高境界是静心与乐心，也就是我们常说的知足常乐。岁月如流，人生几何，为什么不乐陶陶呢？为什么要为那些你看不惯的人和事心烦意乱呢？荣华富贵，功名利禄有何值得耀武扬威的，那只不过是过眼云烟罢了。祛除那些束缚自己的名利缰索，不以物为喜，不以己为悲；对自己不苛求，对亲人的期望不要过高；暂离困境，适当让步，对师兄弟以及他人表示善意，找一些人聚聚、练练太极，倾诉烦恼；帮助别人，多做益事，积极参与练拳，知足常乐，此乃太极养身之道。再则，练内家拳者，须知慢工出细活，来得慢去得慢，来得快去得也快。社会上有不少误区，其一，传闻练功者在晚年临终时有散功等痛苦。与其终日受苦不如逍遥自在，乐得享受。其二，年轻力壮时，以为身无疾病，锻炼太极对身心又有何益处？岂知以上观念，全皆错误。大概因为年轻力壮，气血充足，故未见锻炼身心之功效。一旦年老衰弱，内部抵抗力下降时，则悔之晚矣。至于临终痛苦对于练内家拳来讲，并非如此，未见此种状况。太极拳以柔和自然为本，早时又不硬练筋骨，故无损筋伤骨之事。

昔日不少太极行家老前辈临终时，息终时都含笑谢逝。我曾经见过几位太极高人，他们一般都含笑且无任何痛苦地终了人生。这足以证明终生练习太极一般都能善终。练习常氏太极之姿势时，应力求准确。勿用拙力，需心中泰然，抱元守一，无忧无虑。每次练拳力求自然放松为佳，务求周身舒适，不觉为累而止。时之久暂，视各人精力而定，不必拘泥。太极五百余年来能受大众推崇而学习练之，肯定有它特定的功效，否则早就被历史淘汰了。若以学习太极之恒，日久必得其益。惟初学者，莫作气血之勇，力求心静。学会知足便能养身。气血充足，百病消失，有健康体魄，便是最大的心愿。俗话说：百姓无病便是福。金钱再多，日后又能如何？体质不好，时常生病，又怎能有快乐的晚年呢？唯学习正宗太极，是最为可靠而有效的。

第五节　太极与腰腿

拳术之中，无论何门何派，均需腰腿灵活，虚实分明，站如钉，而无浮漂等弊病。昔日练少林拳者，在初学时，一般先学遛腿、拔腿、压腰、站桩等姿势。少林拳也力求自身腰腿柔和灵活，稳实有力，为日后练功扎下牢固的基础。少林拳门派如此，太极亦然。但近几年不少人练太极拳无腰无腿，更无初步单动作单练方法。在初学时，应从步五手八、七个单动作中入门，我们称之为敲门砖。其目的是使腰腿稳沉有劲，内气鼓荡。练习日久，则内气能运至手掌梢尖，掌心、掌背也比别人的要厚，皮层膈肌有气体贯穿之感。在七个单动作中，掌与钩手这两种掌形是否掌握甚是关键。掌握了七个单动作，练习十三势太极相比之下就容易了。我们讲十三势太极是学习常氏课功，需认真对待，不可低估，它是掌握传统套路的钥匙。从十三势太极中求得腰腿一致，前进后退，左右正反，闭避升降，随心所欲，得心应手。然后，通过半年左右练精练熟十三势，再练传统套路，此时就很轻松了。现今学太极，多不肯下苦功夫。故一旦投入练习传统套路，则问题不少。因此人多隔阂，莫名所以。于太极各招各式，简便了又简便，由是便成了太极拳操，叼、抓、擒、扣、锁、翻、提、挤、提劲、靠劲、化劲、内发劲等腰腿功竟不见踪影。而无腰腿即不称太极。如此，太极中之高级技击手法，如抖手旋腰发劲、手之黏放与诺收则莫之能有。太极功底，一半来自腰脊枢纽，另一半仍在腿脚之功力。化劲亦然，如遇敌手而不知对方劲力从何处来，不知怎么化，不懂如何卸力制力、借力还力，则如何能走化结合？而对于何为“螺旋劲”，何为太极拳术波浪形之折叠翻滚，更是无从知晓，所见到的是迟钝和呆板。这就是太极与太极拳的实质不同。可以讲，太极乃阴阳之母，虚实之分，动静结合，气沉丹田，而如今的太极拳已趋向于拳操了。

往日太极传统套路中善用腿法，如今已渐退化。太极套路中较露形的四腿有：左右翅腿、蹬腿、踢腿和摆莲腿。殊不知太极中，凡虚步、弓步均有踢意。而其妙处，则非练到一定程度后不能领悟。

太极腿法中包含着踢、踩、钩、蹬、摆、跳等，它们各有各的用处。一般太极不用高腿之意，以免伤身败气，深恐踢腿过高反被人所害，致弄巧成拙，反被对手所制。太极中宁可舍去高腿，目的是使腿有松、弹、踢之劲，稳实如钉，可随机应变，但太极注重腰腿一致，切不可腰腿分开。腿动而腰不动，腰动而腿不动，故失平衡。我们提倡初学单动作时，一求稳，二求实，三求轻。然后进入十三势练习，才能腰腿灵活敏捷。前后进退，左顾右盼，升降自如，皆能运用，则柔法齐全，庶乎升堂入室也。

太极套路之优点，人所共知。动作柔和，呼吸自然。动中求静，养气凝神。倘不知有腰腿之外，还有腰能旋转。由内气活动命门，内可生中火，生汁液为津，乃为人身强弱之主。要知命门火旺腾云，能优化气而为血升之初，此而升肌动筋而生劲，神旺气足，身健强壮。反之也可致面色苍白、腰痛膝冷、足痹骨酸、阳痿阴秘等诸病症。皆知如命门受损，牵连肾部，故腰之健全于人身甚为重要。若能练之入法，则身患弱者，必能臻于康强之境。太极推手，双手走圈，沾粘连随推手，均为强腰健肾之良方。若能长期坚持练习太极，久后则皮肤滋润，面色红润光洁，足底津涌，不思水饮。此种现象表明命门有火旺腾云之象。太极行话："车轮轴，人生命门也。一纛①摇又转，心今气旗，使其自然随我便（变），满身轻利者，金刚罗汉炼！"可见命门之重要也。

第六节　太极与静养

静坐，人皆知其有益，小则可以养身，大则可入修士之门。然静坐至相当程度后，则内部必须静中求动，并非只静不动，这与太极拳的动中求静意味相似。所以太极拳练到相当程度后，内部静中亦须求动，二者同出一辙，没什么差别。而且太极拳呼吸的升降，全为先天之气的作用，与静坐金丹的秘诀相合。

文修于内，武修于外。体育（锻炼精、气、神）为内，武事（练习拳术）是外。修习者能内外表里集大成者，是上乘；或由体育之文而得武事之武，或由武而得文，是中乘；如只知体育而成，或专由武事而成，是下乘。静坐乃文修之一，所以静坐与太极有重大关系。

《诗》云"思无邪"，《论语》云"仁者静"，《孟子》云"不动心"，

---

① 纛：［dào］古代军队里的大旗。

这都说明“静”字之重要。能静坐则心平气和，志正体直，思绪清静，推手时无论何劲，都不至于散乱。心静之法，在于涵养。至于静坐之法，若无真传，往往无益而有害。倘能依照练习正宗太极之要旨，则可免于流弊。如正身端坐，或单盘，或双盘，或通常坐法，均无不可，但都需顶悬身正（即虚领顶劲），沉肩含胸，周身松开，舌顶上腭，唇齿相合，双目微闭（即垂帘），双手以左掌之背贴于右掌心上，贴近小腹之前，轻放于腿上，然后心相既定，宽放脐腹，无我无他，一切思虑均置之度外，收视返听（俗谓“谨闭五贼”：谨于耳，则耳不外听，而精归于肾；谨于眼，则目不外视，而魂归于肝；谨于口，则默契不谈，而神归于心；谨于鼻，则鼻不外嗅，而魄归于肺；谨于意，则用志不分，而意归于脾。精、神、魂、魄、意、心、肝、脾、肺、肾各有所归，各复其命，则天心自见）。

静坐可于晨起和临睡时各行一次。如有余暇，午后可加行一次，不拘长短，一刻、半小时或一小时都可。坐到佳境时，周身内外，异常舒适，口中舌下并有唾液涌出，咽之甚甜，正所谓水火既济，乾坤交汞。初学应记住不可行气，只以鼻作呼吸，求其自然为主。因为行气必须到相当程度才能练习，否则易生弊端。如意气上行，有脑充血，或神经错乱之患。意气下沉，有痔疮、肠疝之患。到功深之后，则兼用口或只用脐呼吸（此大成功夫，非真传不可）。

至于行气之法有以下数种：

（1）后天返先天之法。

此法与太极拳后天返先天者正同。由丹田达于海底，抄尾闾而过，缘背脊上行，经玉枕、天灵等穴，下过前额印堂、人中、喉结、心窝、脐轮等处，而归于丹田。

（2）此法由山根往上至天灵，向后往下，经玉枕，背脊至尾闾，提肛复缘背脊上行，经玉枕、天灵，向前往下，经山根、承浆等穴，（咽涎）归至丹田。

（3）小周天。

①上丹田、玄关、玉柱（鼻尖）、重楼（大凹凸。下一寸三分）。

②中丹田、膻中、灵台（脐上一寸半）、土釜（脐上八分各开三寸同时分守）。

③下丹田、气海、丹田、关元。

(4) 大周天。

①由无极（印堂）而太极（日月角）。

②抱日月（由日月角）上昆仑（头中顶一点）。

③骑青牛过幽谷关（颈后两软肉中两旁点）。

④直至天心（脊凸处一、二、三节空洞中）。

⑤小憩于须弥勒山中（两腰上）。

⑥海底（前阴后阴软肉中间）。

⑦在田（涌泉穴在腿后下行）。

⑧种玉停耕（脐后七分脊前三分，由腿后回，呼吸停止）。

⑨万象（即两乳间）。

⑩回春（重楼下一寸半，膻中上一寸半上前胸中）。

总之，人身中之气，如圆球般可以顺转倒退，极其自然。至于由静坐而入定，使心地开明，善根发现，以至于大成，则在于各人之修为。故练习太极拳至相当程度者，为修身修心计，不能不练静坐功夫。须知练坐功年久者尚欲习太极拳，以助坐功之不足，何况已练太极者。

中医理论认为，人体之衰老，是以真气为主导之五脏功能逐渐衰竭的生理过程。正如《灵枢·刺节真邪》中所言："真气者，所受于天与谷气并而充身者也。"真气是由先天元气与后天吸入的清气及每天摄入的饮食所化生的水谷精微之气有机结合而成，是生命力的精微物质。人老"气"不足，鼓动无力，血流缓慢，激发推动作用减弱，而致气滞血瘀，脏腑功能减退，而诸病易生。

而以阴阳理论为指导的太极运动则可促进人体"气化"[①] 和真气之再生。最终无极，就是以调意、调神为目的之太极运动形式，虽然运动量小，却能达到舒筋活血、协调身体、平衡阴阳之效果，非常适合因体质虚弱而不宜参加大运动量体育锻炼的老人，这就是从太极走向无极之理。而且从事太极运动日久的老年人，在太极理论体系之内，已具备所蕴含之"心静体松"、"吐故纳新"以及"疏导真气"等运动理念，在注重形体锻炼的同时，也注重内脏之蠕动，其手段使各脏腑得以按摩，心理和精神得以调摄。无论是太极还是无极，包括静坐，都不在乎动作之

① 气化：人体内部之气化过程主要分为三类——水谷之气化生精微，呼吸之气化生为精以及精、气、神互化。

繁简，姿势之高低。只要保持心态平衡，自我调理压力，避免过度兴奋或无谓的紧张，尽量排除杂念，无忧无虑，使精神贯注到每一个细节上，全身心投入，则乐在其中。从太极到无极，以及从静功到无极，练习数年后也可从自然呼吸、逆式呼吸而回归于胎儿呼吸。无极运动方式也能舒展筋骨、调和气血，在有效预防各种老年病发生的同时，也有助于淡忘心中不愉快记忆，释放心中负面情绪，达到“安闲清静、恬淡虚无”之境界。

第七节　常云阶先生遗著

太极以掌为主，握拳的动作甚少。杨、吴、孙、武太极拳，统称为“太极五捶”。整个百余式传统套路中，仅有标准使用五只握拳动作。而陈式与常氏握拳动作较之要多一些。这可能与历史演变有关。清政府垮台后，不少宫廷大内的太极高手、拳师相继由北南下，他们较早地进入各大城市传授太极及太极拳，为适应当时社会各层次需要，把原有拳架标准放低而逐渐演变成今日健身拳操。而那些高难度太极拳种仍局限在少数人士手中。特别是近年来太极拳广泛流行，成为广大群众喜爱的一项拳操活动，原有握拳动作又相应地减少了。我们常氏太极虽问世较晚，但比较完整全面。先人以掌化刀的同时，很重视太极的拳捶应用，但又不忽视掌统占着整个套路。常氏太极拳捶要比少林拳握拳形式少，少林拳特性就是拳，而太极则是掌法。

一、常氏太极显然与其他门派不同

就太极而论，四指并拢松握形成阶梯卷曲形，但是大拇指与食指形成拳眼的拳形状。太极的特性是柔中寓刚。它强调从松柔着手，所以握拳形式不宜紧握或用力过猛，但又不能松握而失去拳形成为空心拳。握拳时亦不可贯劲十足，无论是松握与紧握都应有团聚其气势的意识。常氏太极拳招有分之不能开、击之不能散的作用。

再则常氏太极用拳的招式比陈式还要多，基本上保留了原汁原味的太极风格。各式动作劲路是螺旋形成、旋臂式挺进，不可直来直往或直进直去。拳式基本上都是横臂扫射、交替进行。在日常练习的太极拳势中，使用腕部需舒松有力，落点时拳背平，指屈伸缩旋转。

二、鹰嘴钩手

在常氏太极中钩手动作甚少，只有单鞭、龙形下势、退步跨虎有钩手形式。在平时练习中，其钩手要求“钩手如鹰嘴”，即腕部旋转的幅度尽可能放大，犹如鹰嘴。只有强化练出腕力与指力，才能练出叼、扣、翻、摘、锁等较高拳技。鹰嘴、钩手是练习腕力与指力的有效方法。后文中就十分强调腕力与指力。抓、拿、摘、将、拍、缠、发、捋等均不离腕力和指力。

五指撮在一起谓钩。通常练习中，无名指、中指、食指相继蜷曲，小指尖紧贴着掌腕根部，大拇指横贴于食指与中指梢节之上。指节的旋转幅度宜大而不宜小，又必须随动作招式运动转换形成钩手，这样才能练出腕力与指力。钩手在太极推手中能起叼、拿、锁、扣、翻的技击作用，可以讲这是先辈在太极的实践中，发展、创新擒拿技巧的一种探索。

三、传统套路中的倒钩脚

在常氏太极中，倒钩脚动作招式不多。据不完全统计，除退步打虎势与左右金鸡独立有较明显的倒钩脚形式外，其他招式就很少见。倒钩脚的技术要求是：大拇脚趾内扣倒钩，脚踝部旋转角度尽可能步稳运用得体规范；站步要稳沉，势式坚实有力，不可粗糙无力。

在整个常氏太极中，马步、弓步、川字步、虚实步和丁字步都十分强调脚趾内扣。太极内涵讲究扣脚、弹腿、拧脚。其他太极门派腿步运用过程中，随着历史的演变，练拳对象不同，趋向于简化。故百余年来，杨、吴、孙、武各式太极拳为适应潮流，为了适应老、弱、病、残者的健身，趋向于大众化普及，而逐步减少高难度动作。而社会上部分拳教师甚至不知技击原理与演练太极拳术的基本含义，从太极拳技击角度上讲，这是太极技击的一种退化。

常氏太极足趾运用规范极严，久而久之两足趾轮换时站如钉、行如风。扣脚、倒钩、内踩、弹腿是常氏太极精华所在。在平时传统套路的练习过程中正确运用套脚、旋脚、弹腿的同时，也起到消化对方足法，化解、防御与还击作用。

衡量一个拳种，一看足轻，二看臂松，三看头正身稳。初练时应先追求身法的稳定性。须知拳招好与坏，一半来自腰腿功力，另一半来自内气力（就是丹田之气）。

四、太极空发劲

【20世纪60年代，传闻有人会使用空发劲，能隔空击物，隔墙击人，把太极吹得神乎其神，真真假假，让人分辨不清。许多同仁及常氏太极学员对于“隔墙击人，隔空击物”都抱着一种怀疑的态度。到底世上有没有这种功夫，他们曾就此请教常云阶先生】

其实隔空发劲，并没有神秘之处。前辈常云阶先生忆述如下：

“我少年时苦练发劲，对着井中的身影猛击、猛打，就是练的‘周家功夫’。每天，我父常远亭要求练空发劲几十掌，甚至上百掌，对着井中身影练打，左右手掌轮流空发，其目的就是练习空发劲。一旦看见井中水被击打后会翻动，此时掌力大增，它绝不是力能完成，而是周身气力。这不是一两天就能练成的。太极内气功是三年五载小成，十年八年才见成效。练了一世未见功效的大有人在，只有获得真传，才有效果。

“记得我初练时用手掌风，拍打几厘米的纸张，但又不能拍到纸张。不信可以去试一下，用你的手掌去拍击‘油灯芯’，看看有无变化。然后，你每天洗脸时用自身手掌拍打脸盘水，看看有无变化。日常时久，水被拍打的压力随着掌力与气力的增大而增大，脸盘水会翻动。”

平时用拳打人，一般是用力。当你没有练太极空发劲时，所使用的是先天力，这力是僵力、拙力。练功之目的就是除去僵力与拙力，然后生出新力，而这新力就是劲，正所谓“旧力不去，新力不生”。任何门派都有换力阶段。旧力不除，则内气力与劲力不生。

空发劲是阴阳变化、动静合一的功法。功成后不仅能击物，更能渗劲。在平时练习过程中，会令人领悟：动中求静、动中求稳、动中求松、动中求定、动中求自然之理。空发劲是神意气之融合，是明、暗、化的三劲熔为一炉之太极劲，叫做“周家功夫”。

五、常氏太极九宫步

【据郭诗龙先生回忆：1966年7月，常先生曾经向他（郭诗龙）、杜志忠等人透露过此功法，此功法原只在本门内传】

所谓九宫，就是九个基本图形，即坎、离、震、兑、乾、坤、巽、艮、阴阳鱼。其中坎、离、震、兑分居四正方，即东、南、西、北。乾、坤、巽、艮分居四隅角，即东南、西南、西北、东北。阴阳鱼居于中央，这四正四隅加上中央，合称九宫。把九个标志物按一定的株行距分布于九宫位置，然后在其间穿行绕转变换拳势手法，谓之九宫步。在旗人练武中有人称飞九天，也有人叫小九天。练法上大同小异，先穿行，后劈掌与靠掌。其目的是消化拳势招式。

九宫步具有较高的技击价值，在初练时将九个标志物视为九个敌手。通过在宫中快速穿绕换势又不触及标志物，提高闪躲敌手的能力，锻炼进退自如的灵活性。这种锻炼有助于训练脚踝的摆扣转换活力。由于分置九宫内的标志物形成的空间障碍，限制了肢体在空间的运动范围，从而加大限制躯体翻转拧旋的幅度空间，因此具有提高鉴别柔软架以及快功架的能力。

分布于九宫位置的标志物，一般采用长于练习者身高的树桩或木桩。九宫分布的株行距，随着自身技能提高而逐渐收缩。九宫步的穿绕顺序，采用传说中的“太一行九宫之法”来定：二四为肩，六八为足，左三右七，戴一履九，五居中央。

初练九宫步时，以野马分鬃、斜飞式为基本穿行绕转之手段，以身体的左侧对着“一宫”，然后以“一宫”为圆心，向左绕转（俗语称之为左旋），使身体正对着“二宫”，即循环向“三宫”穿行。当穿走在身体右侧对着“二宫”时，便以“二宫”为圆心穿行，术语称“右旋”。继而以“一、三、五、七、九宫为左旋”与“二、四、六、八宫为右旋”。它们相互交替进行，又相互擀制。由此，周而复始地循环练习数遍，不知不觉周身轻灵柔软。从一宫至九宫穿行称顺穿行走，由九宫返回一宫的穿行称为逆穿行走。

上述简易方法熟练，步能熟走快走后，可用“蛇形掌”的掌形作为穿行过程中的变换拳式，也可用活步玉女穿梭贯穿“矮桩”快速穿行。边走边穿，一穿即换，眼随手动，手随步开，步随腰动作为配合原则。穿行绕转换势的过程中，练就步法像行云流水一样快捷流畅。必要时，小腿绑上小沙袋或小米袋，时间长了，小腿功力增加。

六、太极卸骨法

中国武术，有若干派别与众多门户，而卸骨之法术，亦属武技功夫之一。我父常远亭亦为京师医学太御师十三科之一。惜其法皆不传世，即使偶有得其传者，又类皆自私自秘、故步自封，不肯流传于世，致有志者欲得之而无从，是亦可叹甚也。

传闻清雍正年间，鲁人孙通者，字季宽。人称万能手，又名铁腿。后进少林寺拜师学艺十二年，遂擅长少林七十二铁扫帚功（江湖上统称铁腿功），并学会点穴术、卸骨法、擒拿术，此人专练导法等软柔内功术。日后归而迁居直隶沧州传授孙家庄陈善，即沧州所谓赛胜英大师。后陈善传卸骨法予陈广智、姜延举、杨鸿宾等人。于是，东北五省卸骨法乃流入京师得以传授。其后，沧州各路拳师，姜泰、佟忠义和姜容樵等晚辈，尚能继承卸骨之衣钵。

卸骨之法并非易事，全在练习者手法之精纯与经验之丰富，然后始能收放，着手成擒之效。其手法种类，亦并不烦琐，不外捏、卸、推、揉等搓法。其功与本人功力深浅有关，其要则在于指力、腕力、气力三炉一体，施展手法全凭熟能生巧。

捏骨，即用大拇指及中指，捏握欲卸之关节，用手腕上之巧劲，使其骨骼衔接之处歪斜或脱臼，则其骨骼不能吻合。于是，有失灵活之效，谓称卸骨。

卸骨法歌诀：

推揉捏卸法精奇，一捏一卸痛在地。
扶臼捏骱出者易，攒打碎弹错骨选。
左右逢源熟能巧，顺手牵拿随我意。
出于左者随之右，右者来时侧身躯。
脱臼选骱骨歪倚，瞬时成擒把敌摧。
活手正之斯为贵，方称太极全能手。

七、常氏太极快功架

若以太极而言，如欲防身，则非练发劲不可。若只知太极化劲和松柔劲，却不知太极发劲，知守而不知攻，则不能算太极门中人，还不如说是太极门外汉。故在大功架、柔软架、推手和九宫步的练习有了相当的功底后，必须习练快功架。

常氏太极快功架也称旋腰抖手发劲架。快功架步法为活步，发劲要求旋腰抖手，以快制快。快之含义有二：一为手眼身法步之快，在某种条件下也能达到闪躲和攻击敌手之目的，但多为初练者所能，也较易学习；二为艺高者之快，系指身体自然条件反射之快。这是人之本能反应，并非一日之功。只要认真练习，日后定能有所收获。

快功架可以通过柔软架的旋劲和九宫步的练习来提高拳艺。“无形无象，全体透空，应物自然，闪躲敌手，全在腰隙，进退敏捷，快如闪电，脚扣变换，左右兼顾。”要学惊人艺，需下苦功夫。鄙人在这里只起入门引路之作用，余者全凭后学者自己之悟性和苦练。有道是：修艺勤为贵，悟者出神功；文武兼修德为本，艺无止境夺金银。

八、太极点穴术

太极点穴术惯用中指、食指与无名指。人身穴道虽多，然在点穴术之中，常用穴道有三十六穴位。此三十六穴位中，又分八道禁穴，一旦被点击或点刺，即有生命危险。主要穴道如受伤之后，救治亦并非容易之事。

太极艺高者多善于点穴术。为避免伤人，对穴道只可心领神会，不可轻易试手，下手伤人。“穴有死穴，点有轻重，刺有旋转，剑有血糟。”此三十六穴道，实有晕穴、死穴之分。点中死穴，必死无疑。不像晕穴，被点击之后，虽不省人事，如能及时加以救治，可立刻苏醒。死穴不然，死穴被点击或点刺后，一般医道很难救治，所以太极中称“禁穴”。八道禁穴中分四大四小禁穴。四大禁穴被击中后，必死无疑；四小禁穴被击中，则半死半活。如日后我们常家门中，有后人学点穴功夫，切记不能轻易试手点击禁穴。一知半解的学员最好不传此术。常氏太极门外业余弟子，最好不谈此术，日后会带来麻烦。切记！

（一）三十六穴道

兹将三十六穴道及四大禁穴，包括四小禁穴名列顺序排列如下：

①百会；②太阳；③鼻梁；④人中；⑤牙腮；⑥天突；⑦开井；⑧肩元；⑨气门；⑩玄机；⑪台中；⑫丹田；⑬七坎；⑭阴会；⑮章门；⑯期门；⑰白海；⑱曲池；⑲腕脉；⑳三阴焦；㉑阳冲；㉒太溪；㉓太冲；㉔涌泉；㉕天股；㉖合角；㉗风眼；㉘挂膀；㉙肚角；㉚脊梁；㉛鸠尾；㉜脊心；㉝精促；㉞笑腰；㉟敲尻；㊱踝骨。

四大禁穴：①太阳穴；②人中穴；③天突穴；④阴会穴。

四小禁穴：①丹田穴；②脊心；③肚角；④笑腰。

（二）点穴功练法

1. 头层功夫

（1）一步练功法（头步功夫）——认穴。

对于点穴、刺穴，无论何种拳术，其要全在于认准穴位或穴道。知穴所在依其定时，举手点击之，方为有效。否则如盲人骑马，毫无方向。后人若望其有成，则在练功指之初，要紧是认穴与知穴。初练时，要将全身各穴认清、认准，非但能口言表之，尚须能闭眼摸准。如能百无一失，则一步功成矣。

平时练习，先就一经统属之各穴练起。如先从手太阴肺经脉各穴入手。先记其手臂穴位起名，次忆其穴道之部位。再用木人，或橡皮人绘出经穴道之所位置，志以暗记。先目视点之，逐渐背熟之后，则闭目点击。能在黑暗无光处点击，也无一错点，则经脉成矣。依次记熟周身之十二经脉，如督脉、任脉、冲脉、带脉流径之走向，我们谓之四脉。又要认识阴阳二跷、阴阳二维所属之穴道走向，完全熟之，再将各穴合并而行之，做到万无一失，则认穴功成矣。

须知人身穴位所占其身位置极小，如绿豆般大小，不可有丝毫差错，故认穴一课需脚踏实地用心练习。寻常人视目，认穴极难，难在不懂此术。无人指导，也并非易事。因穴位之所在，在人身皮层二三分之差。最近的只有分差之毫厘，万一疏忽，误人误事。在制服敌手时，能不伤人，最好不伤人。我们讲武德，“文武兼修德为本，艺无止境夺金银”（我父常远亭语）。认穴一事，并非小事，切不可不慎。认穴准，救人治人；认穴不准，则误人伤人。

若有常氏后人学点穴功夫，不可不知麻穴、晕穴、死穴。经脉走向容不得半点疏忽，必须用心去练，一知半解绝不可试手。

切记认穴一步，非半年难有收获。认穴如能做到真切无误，着手就容易，收效亦比较迅速矣。由是可以进入二层功——寻径。

（2）二步练功法——寻径。

所谓太极指功，并非硬气功。指力从拳、功中获得。据我所知，将丹田内气运至手指，非纯太极者不能有如此深厚之指力。指力所点之处，并非空穴。所谓空穴，即气血未经或已经过此穴道。若点空穴，则指头上虽有内力功夫，亦难奏效。欲其奏效，则唯有点在气血头上，则如照海寻珠宝一样，万无一失。唯气血头之所制约，有一定时辰，合于十二经络；而十二经络中所属十二时辰之穴，犹如江水一样，涨潮与退潮都有其规律。因此，常氏太极后人学点穴功夫，除知穴之所在外，还须知人身气血流行之途径。何为静脉、动脉，何为任脉、督脉，何为带脉、冲脉，气血源头何时辰在何穴，何时辰气血已流过某穴道，这些当详细了解，不容有丝毫差错。然后，熟知背通此时此刻气血的源头在何穴位，背熟气血流经之路，则可掌控气血源头。气血源头可被遏制，使气血不得前，点后又涌塞，足以使其人闭气受制。是否有此种说法，不妨去中医门中探知一二，中医以及针灸自能证明其论述。

时辰一说，并非难事，亦不能固定。经诀所指，不过择其主要穴道而言，其余小穴位也不详载，是后人练功者用“悟心”悉心体会而得。俗话说：鸟有鸟头，鱼有鱼头，练拳中要有领劲。人自身有血源头，某时某刻气血源头应在何穴位，今日某时某刻，气血源头又在何穴位上，对于血的流向及何时供血，何时回血要了如指掌，唯求而得。我们不仅要了解血的源头，也应了解气的气头。气血顺畅，健康就有保障。

唯求一事，望后人细加研究探讨。不是每一个来练常氏太极的学员，都可以得到此术。只有一心投入常氏的门内弟子，才能练到此等功夫。我们人身气血循环也分午时与子时。子时前后人体平躺眠目供血，午时后是回血于心脏。动脉血管是人身供血的组成部分，静脉血管是回血。督脉是气流，任脉是回气流。督脉气头由命门至背脊，上至头顶百会，经人中穴入任脉回会阴我们称小周天。如果气流下至涌泉我们称大周天。学点穴功夫的人不妨去中医那里学习，掌握行气的一般规律。切记：练太极者必须了解血液循环和人身胎气以及后天气的流向循环规律，方能入手十二经脉所应时辰，亦望后人深明之。

佛家有言：天有三宝日月星，地有三宝水火风，人有三宝精气神。在人之三宝中，精要化为气，气要化为神，神则是精气之和，乃人之灵魂。我们练太极，练点穴功，最终要归结到“静心养神”上来。神凝才能气定，气定才能心静。所谓寻径，即是寻找气源头，血流经之途径也。这不是凭空想象就能获得的。在表面上看似比认穴较容易，其实不然，经脉、气血、寻径一事比认穴更难。望后学者定要掌握“寻径”，方可收到内外兼顾之功效，而致其术为用。

寻径一事，无他法可以练习，唯求从中医中经脉穴位针灸上去求得。

定要了解气、血循环之理，然后烂熟于心方有收获。这犹如海上之船老大，要知天文地理，也知江河，更知何时涨潮、退潮一样。每日两次涨潮，又有两次退潮，人身气血也是一样。正月初一、十五大潮汛，前三后五为小潮汛，确实要了如指掌，方能行舟。寻径一事，我只能明言至此，务请后人细加推敲。

（3）三步练功法——追问。

日后若有学员学习点穴功夫，对于认穴、寻径两事马虎不得。自审有相当之辨识能力后，尤须经常反复追问，增加记忆，以免失误、遗忘。千万不可凭小聪明来处理事端。切记寻径有规律，犹如练传统套路一样，它也有顺序，一旦投入练习，掌握规律，寻径就能迎刃而解。

“入门引路须口授，功夫无息法自修。”其言道出最好的方法，与精通中医、针灸医师日夕相处，向他们请教经脉穴道等问题，求教于他们，来提高自己穴道、经脉和气血等知识水平。学会后要相互盘问主要穴道，以及各大穴位即经脉处之奇穴；然后不依规矩相互间闲问闲学，如能对答如流，万无一失，则进一步盘问此穴各所属何经脉，内应脏腑之何部，再深入了解血液循环之途径。必要时做好笔录，帮助记忆，并要追问何时何刻点击此穴时，血流至何穴位，气流经何脉，内脏被点穴后，人的面部有何种表情，嘴唇有何种迹象，受伤后当用何种手段，应点击何穴方可解穴等。如此三月左右，增加记忆，方可收到事半功倍之效果。

追问之功法，正如良师之提问一样。找一两本古文古书询问学生，看其是否像背课文一样熟背熟记。非读熟背熟谨记，就不能掌握点穴之功夫。学者理应对经脉、血脉、气脉等穴道对答如流，丝毫无误。力争做到一经提问某穴位，其血流时辰之规律，包括气感之走向，都能对答。学点穴也好，学剑法也好，须知精通针灸之术方可胜任。若遇门外汉，虽懂一二，也举手点穴，这是一知半解，不能轻信。不可以讹传讹，以免招致麻烦。

学太极点穴功夫，要有良师指导，以不伤及他人的性命为前提。对于死穴、空穴、难穴，包括晕穴，要格外小心。死穴一经点击，无法救治。空穴没有什么，不过是疼痛酸麻之感觉。难穴则隐藏不露，肥胖人皮层较厚，此穴一般在皮层下三五分之间。瘦人皮层下一点到位，只有一二分之间。遇到难穴，下手使劲要有分毫，才能奏效。

2. 二层功夫

以上三步练功法，皆为点穴术之头层功夫。经一年半载成熟后，方可进入二层功夫。什么是二层功夫？是指力。点穴功夫，贵在自身的手指之力。以食指、中指攻克制胜，非用拳脚踢打。宫廷内大部分拳师惯用长剑或短剑点刺人穴位，也有文人用笔或者竹筷当指来用。指也好，剑也罢，大体上相同。点穴制人，一指之力功夫不到家的，亦有人在。怕苦怕累，触于硬质功夫或艺高者，且虞自伤。欲求制人，谈何容易。自身非要练到具有极深的腕指力，否则绝难如愿。故学太极点穴功，在于指力尖端，腕部旋转力。切记，无冤无仇的对手，一般不使用短剑制人，它容易伤人致残，甚至置人死地。用指力能体会到自身的指力大小，劲力有几分。触到人体之后，反应到自身之触感完全不一样。指力能直接反映自身内劲之大小，分量之程度，更知自身内力与气力，以至指的劲力之大小。

练习指力之法，我们在练拳时有蛇行掌。练此掌时，掌腕上有走腕、活腕、旋腕，它们能练腕力与气力。手法不一，循序而进或者合并练指，适合按自己的意志强度练习。肯吃苦的可以找老树皮的皮梢，一指一块下落，皆无不可。

（1）四步练功法——铁沙袋打法。

在皇宫内，有人采用铁沙袋练习，有人采用金刚法，钻石功磨扦老树皮，也有人练蜈蚣爬树等。我（常云阶先生）自己的体会是：用四寸见方的内装大米之方袋练指力，使指力加大。大米袋被你天天练习后，大米被碾碎，形如粉末。此时，你的指力定会大增，内气也会随着变化而变化。然后，再制四寸见方内装绿豆之方袋来练习，逐渐见粉后，再制内装黄豆，以至玉米或蚕豆之方袋来练习。如果它们被你练习后都能碾碎，说明你的指力已非初学时那样脆弱。此时，你再到老树旁，试一下指力大小。若能见一指一块树皮，便见奏效。练此手法，最好避开众人眼目，避免麻烦。然后，用木板点触击打。平时在练拳时，花上一定时间面对大树（如老槐树），由轻点渐渐加重俱进，苦练两至三年，则指力功成矣。太极与点穴同时并练，每天能练上两小时左右，便有成效。功成后，用以点人，无不得心应手。

以上所述之练法，练成后非以手指着穴，则绝难奏效。必须在一年半载才见小成。若欲求手指不触人身，凭手指指空穴，难上加难。太极的内力、气力和腕指力三者并用，并非容易之事。以太极而言，练上三年左右便有气感运身。通俗地讲：“丹田气能运身，若想气力、内力、指力统称三炉一体，则非一日之功。”功在“勤”字上找，有诗为证：

四寸见方小米袋，指力腕力全靠它。
技艺只传门中人，不传歹徒和小人。
人世沧桑难预料，神明内力求太极。
文武兼修德为本，艺无止境夺金银。

功夫不负有心人，下多少功夫，得到多少成效。功夫来时是不知不觉，若你整天要它来功夫，它是不会来的。有的人三年至五年出功夫。有的人八年至十年未见一点皮毛功夫，甚至有的人练了一世也未见什么功夫。关键是练好每一次，时间累积会带来效应。正如我说：“功到自然成。”

（2）五步练功法——点打。

太极指功，练会后则可进入探讨点击，参与认穴、寻径等各法的练习。此时练法有三：第一步，用一木头人或橡皮人，似人形之高低大小，模拟人头面手足，亦须悉备。然后，用毛笔将人之穴位标志在木头人上，画圈人的穴位及穴道。其圈点不宜过大，约大拇指头一般大小。用毛笔画圈，切记人之穴位有大小之分，距离相差均匀。其主要穴道，用不同颜色，或用记号分清。死穴、空穴、晕穴，定要分清。一般死穴为红点圈，晕穴用白色圈出，空穴用黑色圈出。气穴、血脉等用棕色标明分清，不可马虎。

布置周妥后，练习时面对木头人而立，相距尺许，自已默数一穴或请人随意呼穴再点指。初练时，轻点不至翻倒，力求点指穴位正确无误。一点之后，及时判断所点之穴有无差错。然后，再举别的穴位点之。练习时，一指二指并用，最好练成左右手均能使用。若左右手均能得心应手为上乘功夫。

初次练时必感生疏，会有失误。或在点击、点刺、点发过程中，不能如愿，点不中穴。只要坚持每天练太极，练点穴，日练百余次会久而渐熟。先求第一步，须在烛光下明处练习，辅助手指正确到位。有条件的话，自建一间练功房。练到百无一失，才算完成第一步。第二步，瞬时便能点穴。一秒内便能点上两三个穴位，便见初成，此时临敌还未得上乘功夫。木人、橡皮人只能讲是静止不动的呆板人。如是真人、活人，就会躲闪，这就要求点穴既要快如闪电又要正确。欲求达到此等功夫，须从明光、明点进入夜间，在昏暗漆黑中能点穴。如果是有十年功底的人，在他的眼里会有一道寒光，眼睛犹如猫眼一样明亮。有条件的话，不妨自己试上几晚。在初练太极时，能看见什么，练完太极后又能看见什么，眼里是否有此感觉，白天练拳与晚上练拳有什么不一样，没有灯光与有灯光练拳又有什么不一样，练习两至三年后太极者是否有此感，我难以表白。进入夜间黑暗的树林中练拳点穴，确实有难度。要求此事成功，没有五至八年功底的太极者很难说有神明感觉。

行文到这里，应提醒后人，所传必须是嫡系弟子又必须是常氏门中人，一般收费学员不传、不露为好。手法、练法露出后无法收回，自己的常氏嫡系传人没有练成与练会，而那些旁观小人偷偷摸摸苦练，无心者学而求知，又一知半解，非但没有上规，反而会带来麻烦。人心难测，有些人不承认是常氏门中人，日后却给常氏流派带来负面影响。若干年后，常氏后人无论是嫡系弟子或业余弟子，如有人得此练法，千万要注意这利害关系。

此术十不传：
不传外教者，不传好色之徒者；
不传无德者，不传性欲太强者；
不传守不住者，不传师徒不分者；
不传得宝忘师者，不传半途而废者；
不传匪事多端者，不传好怒好斗者。

练习此术亦有一定之诀窍。如前面讲到在黑暗的夜中，将太极完整地练习数遍，检验一下自身眼睛是否比白天明亮，是否有神明寒光。练完太极后，面对木人或橡皮人而立，指点穴位定要在无光情况下辨认穴位。可以肯定地讲，只要是长期练习常氏太极的人，眼睛有种眼神，并且有一种寒光。这是练出来的，也是任何人无法给你的结晶。不练太极武术的人不会得到这种福运。在黑暗的夜里，伸手不见五指，你的眼睛能见度是多少？只要是名人之后，经过高人指点并且专练太极的人，即使举手之时，也能在三米之内看见一切。功夫深的武功者，耳朵特别灵，眼观四面，耳听八方。他们对伸手之高低，敌方于何处何部，手指尖所指点为何穴都了如指掌；默思之后，始发指向何穴，一目了然。

练习此术，可用毛笔蘸上墨汁先将自身的手指涂黑，或者用毛笔试用。每点十穴后，自审是否有差错。只要能坚持数年苦练，若干年后便有小成。从练太极开始，便可将点穴功、太极拳、推手、散手、夜行步，包括空发劲一路打通。再坚持若干年若有感觉，便有大成。

在皇宫内，有不少拳师在烛光下练习，开始时十来支蜡烛，每隔半年减少烛支，一直到没有烛光也能练穴且无差错。能在无光情况下练拳点穴，已是功半事成。问题是能否经常练习，俗话说：一天不练我知，两天不练他知，三天不练人人皆知。切记太极与点穴是相辅相成的。太极练的是腰腿功，又是练内气力。而点穴功夫要的是腿力、腰力和内力。没有这三气，便是空也。我在拳经中提到“腰腿无功，全身皆空”。

通过上述几个环节的练习，点穴功夫便有小成。随手点穴，百发百中，也能不偏不倚，用以临敌，便能得心应手、轻灵活泼。任意指点，无不命中，一二人所不能困。即使在丛围之中，亦可制敌于瞬间，使之失其抵抗能力，诚惊人之绝技也。

此时须知点指手法，亦须依穴道而分配其指尖力之大小轻重，不可一律使劲也。占击主穴因危及他人性命，故无冤无仇，在使点穴功夫之前，应有分寸分毫。轻点即足以制人，若稍重则可制心。虽是自卫，举手杀人致残，终究不是好事。我们练拳练功的目的是制敌心服口服，最佳是不结怨仇。若点难穴，则必须用足指劲内力，因为此穴在骨骼之间、肉层皮厚之内，不用此劲难以奏效。若不加内气，很难制服敌手，但又不能将敌置于死地。故后人练习时，定要注意轻重缓急之分，在使劲时要有分毫之劲。

（3）六步练功法——眼力。

眼力一事，在太极中极为重要。无论何种拳术、兵器等武术，皆以眼为主。我们练内家拳，也不例外，十分讲究眼力。我父常远亭讲：“神聚于眼，眼是心之苗。意从心中生，我意欲向何处，则眼神直射向何方。周身亦直对何处，一转用眼则周身全转。视静制动总须从神聚而来。”内家拳高手，能在黑夜里行走、奔跑，其眼力如猫眼般明亮。什么样的人能在夜间有此感觉？只有练内家拳的，拳龄在五年以上，能每天练拳且从不间断的人，才有神明的感觉。如果是“三天打鱼，两天晒网”的练功者，很难有。若练出猫眼，则需十年以上，才有寒光。只有肯坚持每天练上一两小时，又连续练太极若干年，才会有神明猫眼。有朝一日，我们常氏后人，只要是在嫡系传授下，数年后自然会有猫眼神光，甚至会练出鹰眼。太极要求眼睛灵活，眼到手到。而在太极点穴术上不仅如此，还须力求锐利。前面已讲了很多，望后人加以注意。若要在黑暗中辨察秋毫，定要下苦功，才能达到此等境界。夜间练习也可分二步走：①在试手之前，宜于每夜间熄灭灯火烛光，静坐片刻，瞑目定心，默思室内各物之位置——某物在何处，何处有何物，沉思片刻。然后，启目视之。初时虽不见其物，练之时久便能隐约见之。练太极一小时后，眼内便会神光明亮。眼神是练内家拳后才能得到的，也只有练阴阳之后才有感觉。久练太极会在眼内出现神威，不仅眼内有一股寒光，还有一股杀气，而且皮肤敏感度特别高。宫廷拳师有上乘内家拳高手，眼内有神，而且敏感度比眼力来得更快更妙。若用太极行话讲，即是：“精、气、神。”一旦练到眼神内有一股寒光，他必然有条件反射功能，这功能之快，用语言很难言表。眼神加敏感是练太极的一种本能转换，这道难坎，等到你练到火候，便会自然跨过。这里我也只能引路指点，最终要靠自己苦练加智商从中悟出道理，不是他人所能代言。眼神寒光从柔软架中苦练寻求，并且是在低架子中方能获得。②夜间练太极时，不要操之过急。白天练、晚上练有何感觉，自己体会。拳经中讲“勤学苦练不逞能，日积月累功夫深”，“百看不如一练，久练关键是用心”，“一日练拳一日功，十日不练十日空”。希望用心推敲留给后人的常氏太极拳经，它是我们几代人积累下来的丰富经验。若后人能练出猫眼或鹰眼，即使在暗中点穴，亦无不得心应手，点无不中。

3. 三层功夫

(1) 七步练功法——虚劲。

我们常氏门内，如有人有机会练习太极点穴术，在第二层功夫完成后，算是小成。若想达到炉火纯青之境，用以临敌，较寻常之各种短兵器，唯究竟尚属外层功夫。借助兵器制人，并非纯内功，不能凑成大功。高手或艺高者，若与敌距离略远，有时会失其效。艺高者，不仅两米以内能点穴奏效，而且十米之内也能制敌。指尖不触皮层，依然可以点穴，即内劲自指端出，也能达到对敌指点穴位。亦临敌时即能阻住其气血之头，使敌方不能动弹，全身麻木。此种手段，我们称属上乘内功，在宫内很多，在当今社会上很少见。

虚劲，就是未着物而被点穴，练成后其效极为可观。其中练法，不妨自己试试。第一步，于来往必经之处，悬挂一个约十厘米丝棉大圆球，犹如碗口大小一般。然后合并中指与食指，凭空作势指点。初练时距离较近，一两寸距离，唯求丝棉球体不碰手指为佳。初练时指点，丝棉球肯定不会动弹，日久后便会应指点弹出。每次练习要有百余次，何时见到丝棉球被指点弹出，便算奏效。然后，再逐渐移远，由寸至尺，视丝棉球为铁沙球，继续苦练，直至丝棉球能被指点抛动。切记，每天练习，约半年至十个月才能见到效果。如能在三十公分外弹击丝棉球，便功半事成。

如此功夫练成后，足以制人。然而，遇到坚厚衣服或有防身之装束从中阻碍，若想手能指透衣服或防身装束，自身所需功力，包括内力，亦非一两年能练成，而用心三至五年苦练才能练成。它纯属三炉一体，内气、指力、功力并用。练太极的目的就是内气，内家拳称内功，此时推手，可算得上高手。

（2）八步练功法——透劲。

什么是透劲？就是让自身功力、内气，通过自身中指、食指点透物之功夫。与平常人交手，必然有碰撞，接靠等空发劲击人。今欲使其劲透物击人而入，以制敌手，实难而又难矣。不知情者闻听此说，恐难以理解，说我常先生吹大牛。我将初练成功方法留在这里，方便后人。后人不妨试手一用，看一看是否能成功。

练法：先用一盏油线灯，点燃后放置于台桌或茶几上。灯芯前面竖一张纸屏作为隔断。初练时，一张白纸就可以了。等有成效后，宜用牛皮纸，其质韧而薄，宜作为屏障。劲使透也，看看火焰是否能闪动。初练时未见闪动，稍久，数百余下，略能如微风透入，使火焰微动。久练后火焰会渐渐地随劲摇动。随着自身功力增大，火焰闪烁不定，摇摇欲灭。再后移三五尺远，看有何动向，每次练习定要有收获。等到能移至五尺远时，能见灯熄灭，方可大功告成。无论直指、横扫指、大劈指，指力透入衣物便是成功也。

练成指透功后，仍须坚持练习。其效果越练越纯，就算练成三至五年，退功一年半载便退得干干净净，故要“拳不离手，曲不离口”。若有朝一日练成十步以内便能透劲，则足可称雄武林，不枉为纯太极内家功夫。若我常氏太极门内嫡系弟子收益点穴功夫，或使用短剑之妙，我便自傲，留下今世遗言。

此功夫，亦属纯内劲，上乘功夫，须名人指点，高人传授。勤学苦练，可称雄武林。

（3）九步练功法——拳练加技巧。

俗话说："拳不离手，曲不离口。"想要获得内气功力大增，必须苦练太极劲。每天练拳时须认真用心对待。可走近树林练习，手指点树，一指、二指、合指、挑指、横指、扦指，或声东击西，惊上取下。一句话，要实战，随机应变，才能得心应手。如点百会穴，用按指前搓。点期门穴用扦指点穴。点太阳穴，左右手大拇指横向对点。点锁心穴，用食指金刚点穴。点腕脉、内外关穴，用钳心指点。若能左截右点，手法多变，随点随解，则大功告成。在坚持苦练太极情况下，能保持功力不减。一旦多日不练，功力很快将付之东流。

太极点穴术，点刺（指剑术）、快功架、九宫步等都是内家拳之内容。无论练何种拳术，会伤人，必学会救人，这样才能使对手心服口服，否则便成死手。我父常远亭讲："文武兼修德为本，艺无止境夺金银。"

我们平时练拳，为的是健身防身，延年益寿"百"老春。推手、格斗、擒拿，击伤人，不中要害，即使伤筋伤骨，也不至于有生命之虞。而点穴功实为杀手，非药物所能解之。望后人能做到我点之，我救之，点之在先，救在其后。

（常云阶　1967 年 8 月 20 日）

第三章　常氏太极后续录

第一节　练常氏太极之顺序——明规

学习常氏太极，一般从单动作着手，大约练上两至三个月之后，开始分解单动作：“手分阴阳，足分虚实，身体中正，圈圈衔接。”马殿臣老师讲：“单动作是基础的基础，基础功底扎实了，他的拳架不会差。”

此拳系昔日杨班侯老先生所传。此拳并非杨家老架、大架、小架中的一种，而是当年杨禄禅授予杨班侯的独特拳种，世所罕见，弥足珍贵。但先师常远亭秘承了杨家太极拳后，从未轻易示人。据前辈常云阶先生的回忆，此拳为杨家秘传，学得其中奥妙者只有两人，一位是先师常远亭，另一位是杨健侯的长子杨少侯先生。

初学时，每日只能一手一招练之，不可求多，多则姿势不能准确，容易误入油滑之途。一旦有失太极之原味，改起来十分困难。除戒求速学之外，又忌用力。所谓欲速则不达，速学则伤气；用劲不用力，用力则伤血。若气血两伤则危矣。反言之，练习时讲究得法，虽一招一式，亦能得其益处，否则练歪其法，即使练拳多年亦然无效，不见丝毫长进，更谈不上什么功夫。前辈常先生讲：“核心人员或门内弟子练拳，切记严师出高徒。步五手八十三势以及单动作基础功夫练习，非一朝一夕完成。”无论何种因素，只要在上述基本功上肯下气力，则两三个月定有收获，问题是你肯不肯吃这种苦。

（1）基础单动作中讲：“手分阴阳，足分虚实，身体中正，圈圈衔接。”马殿臣老师讲：“方架基础练功架简称大功架，基础练功架要求有三：一为舒展大方；二为低沉婉转；三为内含折叠。具体落实到行拳中并非易事，也即视平、掌平、膝平与肩平，又称四平架。”

（2）先在单动作中力求气沉生根，再求身体左右平衡，后求呼吸自然，纳入阴阳平衡之轨。

（3）在完成上述的基础功夫之后，再求龙身蛇形，蛙腹鹰爪。处处力求衔接圆满，周身轻灵婉转得体；处处力求外形顺势，内部舒适毫无强硬之感。如能自然放松，气血调和，对于身心有极大的功效。不然，则胸膈气浮，益处非但不能有，疾病反由此而生。故练常氏太极，不论人之智慧如何，均应从单动作入手，犹如万丈高楼平地而起之理也。

一、七式单动作

七式单动作，又称为七式五步拳，守规。

1. 左右搂膝拗步

从北极顶端处站立，向南练习左右搂膝拗步。练习纵向轴线左右平衡与三转腰。目的：前进弓步。

掌法有：招掌、穿掌、沉掌、正掌。

步法有：弓步、弹腿、还原。

2. 左右倒撵猴

从南极顶端处向北倒退后坐，练习倒撵猴围绕纵向轴线两侧左右倒撵猴。练习左右平衡与三转腰。虚步后坐腿。功力大，坐腿稳。

掌法有：招掌、穿掌、沉掌、卧掌。

步法有：坐腿、弧形卸步、两足同方向。

3. 左右野马分鬃

当倒撵猴从南端练习坐腿至北端时，习惯出现左脚在前，右脚后坐。一般三个野马分鬃为佳。如果出现右脚在前，左脚在后，此时要练双数野马分鬃为宜，以便动作之间衔接连贯。

掌法有：穿掌、沉掌、靠掌。

步法有：弓步、弹腿、还原。

4. 四角玉女穿梭

在单动作练习中只练定步四角玉女穿梭。当右脚在前，左脚在后，并且超过横向中心轴线时，开始练习左侧四十五度角。

掌法有：靠掌、正掌、穿掌。

步法有：左脚丁字步、弧形、伸腿、弓步、马步、弹腿、还原。

须知：脚步踏正角，身法均在隅角上。随着身法逐步提高，左侧揽雀尾与右侧揽雀尾在首角玉女穿梭与末角玉女穿梭中完成。

5. 左右揽雀尾

揽雀尾在传统套路中比较难练，但一旦掌握技巧则不难。

掌法有：阴阳掌、阴翻与阳翻。

步法有：功步、坐腿与马步。

须知：高不越眉角尖，低不过心胸；在上述界限内完成阴翻阳翻动作。

6. 正反单鞭

揽雀尾后接练单鞭，以右脚为重心，左后脚由曲收前弧形至左侧平行与右脚成马步。

掌法有：钩手、正掌、招掌。掌腕从右侧翻至左侧时，高均在眉角尖下。钩手与正掌约一百二十度与一百八十度之间为佳。在腰与膝之间。

7. 正反云手

正反云手都是练习三转腰，亦是两脚横向平稳运动，既不能起立，又不下沉，还要左右化解，保护自身不受正面攻击。

掌法有：招掌、正掌。

脚法有：马步、虚实步。

二、七式五步拳之要求

身体中正；手腕须松；出脚前移和后退宜轻；以腰领先。

三、什么叫步五手八十三势

1. 五种步形

弓步、马步、丁字步、坐腿、虚实步。

2. 八掌

招掌、穿掌、正掌、沉掌、阴阳掌、仰掌、卧掌、靠掌。

3. 架式

中架不高不低、保持水平高度。低架有起伏，招式之间的过渡动作勿起立。各招式中，有沉降又有起伏，两种均可练习。

第二节　十三势要诀

太极十三别古今，以预后世修重身。
进门引路须口授，秘法相传此最真。

——常云阶题

十三势行功歌诀

十三总势莫轻视，命意源头在腰隙；
变转虚实须留意，气遍身躯不少滞；
静中触动动犹静，因敌变化示神奇；
势势存心揆用意，得来不觉费工夫；
刻刻留意在腰间，腹内松静气腾然；
尾闾中正神贯顶，满身轻灵顶头悬；
仔细留心向推求，屈伸开合听自由；
入门引路须口授，益寿延年“百”老春；
歌兮歌兮百四十，字字真切义无遗；
若不问此推求去，枉费工夫遗叹息。

（1）以心行气，务令沉着，乃能收敛入骨。以气运身，务令顺遂，乃能便利从心。

（2）以心行气者，所谓意到气亦到。意要沉着，则气收敛入骨，并非格外运气也。气收敛入骨，则内劲日长矣。以气运身者，所谓气动身亦动。气要顺遂，则身能便利从心。故变动往来，无不从心所欲，毫无阻滞之处矣。

（3）十三势目的：

动态平衡，虚实平衡，左右平衡，阴阳平衡，练精练熟正反十三势太极。先求身体平衡，后求呼吸自然，再求阴阳平衡。

（4）此拳早期乃是杨班侯老先生所传，初学时只能每日一手一式练之，不可求多，多则姿势不能准确，容易误入油滑之途。一旦有失太极之原味，改起来十分困难。除戒求速学之外，又忌用力。所谓不求速学快练，速学则伤气，用劲不用力，用力则伤血。若气血两伤则危矣。反言之，练习时讲究得法得体。虽一招一式，亦能得其益处，否则练歪其法。虽然练太极，学常氏多年，亦然无效，不见丝毫长进，更谈不上什么功夫。常云阶先生遗教："核心人员或门内弟子、传人，必须重视十三势太极练习，它是通向成功路上的金钥匙。"后人切记严师出高徒，门中新人均从十三势着手，"步五手八十三势"和"七个单动作"入门。基础功夫练习并非一朝一夕能完成。无论如何，都不可放弃基础功夫练习。只要在上述基本功上肯下大气力，半年至一年左右肯定有成效。问题是肯不肯吃苦。

(5) 故练常氏太极，不论他人智商和层次高低如何，均须从单动作入门练之，犹如建造高层需从坚固地基而起。切记"技本无绝，练可至绝。拳无定法，练之有方"。

（马殿臣　2003 年 3 月）

第三节　常氏太极一零九式大功架

一、慢、圆、匀、静、松、柔、随、恒

1. 慢

慢有两层意思，一是学拳时要慢，要循序渐进，一招掌握后，再学下一式。所谓"学拳容易改拳难"，"欲速则不达"。二是行拳时要慢，且要连绵不断。动作要正确、到位，才能体现常氏太极低沉圆转、舒展大方之风格。

2. 圆

常氏太极运动"大圈连小圈，圈圈套圈圈"（马殿臣老师语）。以腰为主宰，旋腰转胯、旋腕转臂、旋膝转踝，形成一动全动，开合有致，由外向内，以内催外，内外一致的"圈圈劲"和"立体圆"运动。须知以意气内动带外动为要。

3. 匀

匀就是均匀。常氏太极架式低沉婉转、连绵不断，除了快功架外，动作速度不宜忽快忽慢，呼吸也求其顺其自然、连绵不断。

4. 静

心不静则不专，一举手左右前后，全无定向，故要心静。“能静则心平气和，得心应手。”（马殿臣老师语）“舍其轻浮刚猛之气，入于清静无为之域。”（常云阶先生语）

5. 松

松就是松开，要提起精神，松而不懈。首先要意念放松，同时以意引导周身节节松开。

6. 柔

柔就是轻柔、松柔，柔中有韧性弹劲，犹如杨柳一般。然而柔并非轻而浮漂、柔而无神，尤需提神、神贯顶 。

7. 随

随就是上下相随，左右兼顾，内外相合，互相贯通，周身一家。练太极不可左引右停，或上动下滞，各不牵连，要做到一动无有不动。眼神与动作的关系，眼神为先；气与眼神的关系，气为先；精与内气的关系，精为先；手与足的关系，足为先；足与腰的关系，腰为先，步随身换，身随气移；腰与神的关系，神为先。上若动，而下自随之；下若动，而上自领之。中节动而上下和之。若要做到“随”，腰腿功是关键。

8. 恒

恒，就是要持之以恒。如若“三天打鱼，两天晒网”，则会半途而废，前功尽弃，殊是可惜。

八纲之总纲就是一个“练”字，舍去“练”字则为空。“多练多得，少练少得，不练不得。”（常云阶先生语）

二、守规—脱规—合规之诀要

静：

静要心静如水，切忌闭眼欲眠；

静要一心一意，并非迷迷糊糊；

静要静中有思，思要思而不乱；

静要精神专注，更忌空无一物。

意：

意要意在心中，不可精神松散；

意要意守丹田，并非胡思乱想；

意要意气相连，切忌意气不一；
意要意中有思，时思一招一式；
意要以意带形，意由脊骨而外。

形：

形要形体自然，不可怒目圆睁；
形要上下相随，并非局部运动；
形要动似蛇行，切忌招式漂浮；
形要引于无形之中，形中波浪折叠翻滚；
形要浩气凛然，浩在气沉丹田。

正：

正要中正求稳，不可左偏右摆；
正要躯身尾正，切勿低头哈腰；
正要中正贯顶，切忌摇头摆尾；
正要正中有俯，俯不猴头猫腰；
正要正中有仰，仰不挺胸凸肚。

圆：

圆要圆在弧形，不可直来直去；
圆要先求开展，后求紧凑连贯；
圆要圆似蛇引，更忌断节露骨；
圆要旋转柔顺，顺在内外兼修；
圆要圆在太极，极在圈圈相连。

匀：

匀要速度均匀，不可时快时慢；
匀要绵绵不断，更忌劲断意断；
匀要匀在周身，身感蚕丝不断；
匀要意识控制，切忌忽快忽慢。

整：

整要完整连贯，不可断壁颓垣；
整要内外兼顾，切忌动不连贯；
整要整中紧凑，紧要紧不萎缩；
整要整中求展，展要舒而不散；
整要上下相随，更忌大起大落。

松：

松要舒松自然，不可精神松懈；

松要肢体放松，切忌意气松散；
松要松中有柔，柔而缠丝不僵；
松要松而不懈，时处无懈可击。

轻：

轻要周身轻灵，不可流于上浮；
轻要轻松自如，不可失其平衡；
轻要不僵不拙，更忌拖泥带水；
轻是灵功先导，灵要脚轻臂松。

灵：

灵要灵活多变，不可尽情外露；
灵要进退自然，并非处处求快；
灵要自然活泼，更忌流丽越规；
灵要先求形灵，后求条件反射。

松与静，轻与灵，圆与匀，整与正，形与意拳规强调了身法、步法之重要性。常氏太极在外形动作上，几乎始终轮流一足支撑身体之重心。各式旋腰转胯时，膝关节随着重心位移，另一脚平衡稳定而后提膝，不问快慢，其虚实变化均要求由意气为统帅，劲由内换。

太极与拳术以意、气为贵，太极并非单纯的运动或养生，而有着其自身传承的历史，与中国文化精髓本为一体，又与中医学术贯通联系，且须存乎其人。

静动常拳，流水不腐；手分阴阳，脚分虚实；
身体中正，上下相随；左右兼顾，圈圈衔接；
经络相通，血脉相连；一起一落，内含折叠；
龙伸蛇引，节奏舒婉；鹰爪蛙腹，诺收黏放；
排除杂念，动态平衡；随之融入，不忧不惧；
陶冶情操，乐得其所；终身太极，乐在其中；
太极护身，生生不息；静心养神，知足常乐。

第四节　常氏太极混元内功柔软架

处变不惊　从容面对

持功自养　延年益寿

原汁原味　深藏不露

常云阶

1964 年冬

一、常氏柔软架

常氏柔软架，又称混元内功柔软架。吾师马殿臣于 1965 年，谨遵常先生“持功自养，不得轻易外传”之遗训，对该拳架一直秘而不传。直至 1985 年，马老师方对少数入室弟子传授柔软架，故能见到柔软架真容者寥寥无几。

混元内功柔软架乃武当内功丛林中之一脉，余以为得之不易，而自当珍惜之至，且一日也不可荒废。余经十年之研究，虽难以窥其堂奥，亦斗胆草成拙文，抛砖引玉，以待常氏后人及百家之鉴定。

常氏柔软架纯属内家拳，以呼吸之法，练内气缔结“丹田”之功，以运养五脏，贯达于四肢百骸，包括筋、骨、皮、毛，而获得内气所发挥的功能与效果。柔软架“动静以养生，柔软则御敌”，遂分内外之别。其功法修炼经、穴、脉、络，对内以灵根结丹之玄机，即疏导经穴，运行脉络，安养五脏。气形结合，滋润六腑，得以精形相交。气形相合，神形相依，刚柔并存。对内丹田充实以运行其肌肤，灵源之潜发，以至贯达四肢百骸。于筋、骨、皮之中，令行则行，令止则止。气运行于内，以供养全身。内练则成，外亦成。外练则成，内已入内景。以内外融为一体，阴阳合为一道，刚柔寓于一身，其内外之秘，皆一统于阴阳柔软修炼之中。

《武当太极内修秘诀》中云：“司中和滑泽之机，调阴阳二气入腹，动形静引，意在阳中之阴。”这段内练秘诀，基本上阐述了常氏柔软架练内功的实质所在，说明了呼吸、形体、意识三者之间的重要关系。

所谓“中和滑泽之机”，指运用柔和、缓慢、深细的练功方法进行呼吸之功。柔软架之气，重在缓慢、柔和、松软及自然形体的配合，它是步入内修的重要入门之法。在这一法则之下，又要有良好的动态及自然的程序反应，从而逐步悟出其中有意或无意的意识，支配内景以及气的调和，进入意在其中的太极境界，即所谓“形动静松”的高级境界，以至形成一种本能的自然条件，功练此境意也在其中。意形相随，气形合一，引气行脉，气运遍体内外，功效不知不觉尽在其中。进入柔软架练习之中，注重“精宜玄鹤展翅飞，含胸拔背轻松沉”的法则，只要长期修炼，持之以恒，定会出现飘飘欲仙之感。

能练到如此境界，显然是运用正确方法的结果，其必然会导致内气畅行百脉之中，运五脏六腑之内，贯穿四肢各节之梢，通百骼筋骨之间。经脉气血的输送畅通与传导作用，能增强人体功能新陈代谢，因而收到养生延年之效果。

产生这一效果的重要原因，是阴阳二气入腹的方法。所谓阴阳二气入腹，即可想象二气入腹（丹田）的作用，以及为沉丹聚气所奠定的基础，从而对内功修炼起到的关键影响。阴阳二气从表面上看，即为深呼吸所用，而实质以吸进之气，结合于体内固有的真气（先天之气），在腹腔内合成。倘未混元之气，则先排出体内废浊之气。当浊气呼出之时，其第二次吸进之气则下沉入腹，推压第一次进入之气，使第一次之气正式与先天之气合成，以至形成“混元之气”，即“丹田真元之气”。以此产生循环滋生，促进所谓“后天补先天，先天促后天”的交换玄机，故一呼一吸谓之阴阳二气，乃先天之气与后天之气的合称。

混元内功柔软架锻炼，特别之处在于腹式呼吸上的运用，增强自身阴阳平衡与深入交换的功能，挖掘潜在能源，滋养五脏六腑，又蠕动内脏。然而，脏腑之精气复苏又通过阴阳二气凝聚精气于丹田，反过来又凝聚丹田之精气，精气往复又提供给全身，产生无穷循环滋生之道。

混元内功柔软架正确的练习方法，是顺其自然，逐步形成必然的练习效应。功夫尚未入门之初，还不能达到自然加以运用之时，需由浅入深。此时练者需有一个新的认识：“越是简单的动作，你若能练好了，就不简单了。”练柔软架绝对不能强行运用丹田之气，否则盲目行动，导致意、气、形不能高度集中，影响手脚与身法的协调配合。有时练者一时又不可能让意识自然地进入动态，从而产生偏差，以致精神紧张，会在身体中出现不良反应与反常。但这并非功法之弊，而是意、气、形尚未通汇所致。实践告诉我们，练习者倘若能由浅入深、由简入繁；练时心情平静，精神集中，顺其自然；身法上，脐眼上身放松，腰体下身为轻，则可避免上述现象之发生。

内向的修炼法是混元内功全法修炼的一部分。常氏柔软架侧重于内向的修炼，同时也能起到外强的作用，触动与蠕动内气来实现贯达肌肤膈肌的效果。这种内气潜发的效应继续扩大与增强，以至会形成反向之气与“阴柔之息”。这就是柔软架拳法内功修炼的两种相对的呼吸方法。

（1）以混元一偶为修炼目的，使其具有各尽其能的练功反应与效果。两者之间既有统一协调、相互依存，又有相互为用的并存关系。

（2）外向练法，仍然要以“大功架”为中和滑泽之要。调阴阳二气，入腹之实，动形静松，意在阴中寓阳。即缓慢、柔和、深长地吸气。吸气之时，身体要保持中正、松静、自然，动作舒展大方，心平气静缓和，大架小圈，低沉婉转，内含折叠，舒展小弧等。吸气时深入腹腔丹田，如同“闲庭信步”一般，犹如玄鹤飞翔之势。神领意会，随身若飘然之状，使全身处于至柔的松弛状态。以丹田为中心的紧凑感，使丹田在臂松、脚轻以及意、气、神、形的综合作用下，内气鼓荡，气充力足。至此一运动气源，则丹田内气横溢，奋发于所调用之部位。能令上则上，令下则下，令左则左行，令右则右行。出于丹田凝结之内气，由心法所致之结果，首先以呼吸之功为入门之基础。混元内功柔软架全在于修炼，呼气及吸气即感周身轻松玲珑无比，内气能行于周身贯达梢尖。

二、意、气、形

混元内功柔软架修炼势必强调意、气、形之间的关系。这是成功的重要因素，也是意、气、形的统一协调。不只是单指“动功”而言，在“静功”的修炼上，同样应遵照这一统一原则。因为静与动只是动作形式的不同，其实都是以意气合于形体（动作与姿势的差异），统一协调于自然宗旨下，从而达到心身柔息的统一，以至达到练功之目的。

所谓动功，是在意气的主导下，以配合四肢各节的协调运动所获得功效的方法。而静功“则是身体各节静止不动，或坐，或沉，或立，或卧以摆正姿势”。静功与动功两者异曲同工。本功法“主动辅松静为练功之原则”，说明静功仅在养神，不具有动功练养的功能，两者虽有“异曲同工”之效，相比较而言是有差异的。

本文章旨在阐述“动”与“静”。因为混元内功柔软架着重动，辅以松静及轻柔，贯穿全法过程，故而言之。

在整个常氏太极拳架中，意、气、形三者，是以意识为主导的。亦云：动意在其先，意则是由心神所主宰，但必须认识到意指导气行，气又引导形在运动。须知三者同步统一配合入法，以至达到松静轻柔引入自身疏经络之目的，否则不能达到意气相随与心意相合。

又必须强调一点，意、气、形的内容具有两层意义。大功架中的意、气、形相对而言是较粗向的，我们简称外形。而柔软架中意、气、形、神是较具体的，我们简称内形。

粗向的外形，肉眼看得见而体内摸不着。而柔软架内形看不见而体内摸得着。所谓外形与内形是针对练功行拳而言。外形的大功架可以言传，而内形柔软架只能身传而不能言表。任何太极都是从外形到内形，从有形到无形，从太极到无极，最后直至终极。粗向的意、气、形是人体生活必须具备的先天条件。因为人体的精神、气血、思维与行动是永恒的统一体，是绝对不能分离的人体生命活动的表现。在日常生活中，人的行动与语言每时每刻都是在大脑意思支配下进行的，这就是意、气、形结合神。然而这种“神”的结合与内功修炼的结合，则有着本质意义的区别。

粗向的意、气、形，包括一种气的形式，都是一种以主观意识去改变客观世界的手段。确切地讲是自己改变自己，自己锻炼自己，自己修养自己；运用人为的正确手段改造人体内在的结构，使身体向着健康的方向发展。任何意、气、形都是从粗向的外形基础上演变、发展而得。有了大功架扎实基础，才能在内功修炼中得到潜在的能源微量积累。

三、精、气、神

精、气、神的修养练成又是混元内功柔软架拳法修炼的实质所在，这关系到一个从事太极练功或修炼太极的人，在内家拳修炼上的实际问题。内家拳修炼的目的，一是健身，二是内功。健康与内功修炼，无论从哪个角度说起，如果没有得到精、气、神的修炼功效，那么其他的所谓功夫均无从谈起。

当然，人体本身就具备精、气、神的功源基础，它自然维持着人的生命活动，但这还不能挖掘自身的潜质，使潜质得到充分的发挥与利用。因此，太极拳术是从主观能动性上加以内功的修炼与练养。从太极拳中挖掘潜在之能源，从而以充足的能源补充自身经常的消耗与提供储备，历史上人们称为“功夫”。道家历代经典中记载，有关内功修炼者，包括太极专业人员，都十分重视精、气、神方面的修炼。武林历代养生家修炼的功法，也注重练习精、气、神，视其为人生三宝。把天之三宝“日、月、星”，地之三宝“水、火、风”，人之三宝“精、气、神”，视为同等位置，合称为天、地、人三才之象，说明精、气、神在人体所占的重要位置与练习修养精、气、神的迫切。

练习太极从实际来讲是练与养的结合，也是先练而后达到养的过程。练的方法是意、气、形结合修炼，养是在练的前提下得到心安神宁、舒适爽快、气血旺盛的良好收益与结果。良好的常氏柔软架运动（简称功态），能滋生充足能量供给全身，使五脏六腑合理运用。又通过蠕动恢复气源，从而达到积累精气、聚结神凝之目的。积精能养气，养气则能安神，因此人们想通过锻炼来积精养气、舒筋活血，使之血脉畅通、健康长寿。而太极柔软架——混元内气蠕动正有养精保精及安神之效。聚气于丹田是太极的练习内容之一，需求内蓄充足而收敛不泄等方法是练太极者所取之道。

精足则生化为气，这是肾功能所收藏的结果。其中又有部分是水谷、精气所化及肺所摄之养乃成气融汇的结果。气即真元之气，行至脏腑为脏腑之气，行至经络为经脉之气，行至三焦为三焦之气，故有元、宗、营、卫诸气之说。练内家拳以及内功修养，就是运用腹式呼吸之功来增强肺的摄氧功能，调动肺泡的潜能，取得足够优质的氧气供人体吸收。

神是人体生命活动中的最高形式，是统帅，又是精与气的总合。神亦有广狭之分。从广义上讲，人体一切外在活动以及表现动作，包括表情、语言等统统属神的广义范畴；狭义的神则是指精神思维、心藏之神。通俗地讲，精力充沛，气血调和则精神爽，意识清楚，思维敏捷。外——显象于形体，内——显象于心情，是神的集中表现。正如《素问·移情变气论》中所述：“得神者昌，失神者亡。”也可以讲：“气是人体生命中的第一，那么心神则是人体显像的内在的东西，即性与命的关系，人们今天简称‘性命’。”

由此可见，“精、气、神在人体日常生活中的重要位置不可忽视”，从而推理古往今来的练功者、养生家、儒、释、道、医学等诸家，把练养精、气、神放在百功之首。因此在常氏混元内功全法的修炼上，具体体现在心、肝、脾、肺、肾这五行的修炼上。五脏蠕动翻滚之精微，在下以培养五脏之根，在中乃善养五脏之灵，在上以根源结合神，使精足、气爽、神溢。然而，精足在于平时的累积，气爽在于运动的凝聚，神溢在于太极动功中的静养。

四、功夫

常氏混元内功柔软架，练至深入程度能开发人体内在潜力，并且能开发自身左右大脑记忆，发挥应有的效力与作用，并在一定条件下能打开手掌皮层膈肌。练此功的人的手掌较常人手掌要厚得多，又软又柔。这就是通过混元内功柔软架修炼所获得和凝结的持续效果，后人称“龟息与蛇气”，通常称之“功力”。这“功力”不是一般的力量。所谓的力量，是指没有练功的人所持有的力。这是人人都有的体力，这种力超越不了人体自身体质的限度。但不可否认也有个别的人，天生就有一股超人的力量。无论从何种角度上讲，这种“力”均属体力的范畴，为人体正常生活中所用。如与武功相比较，这种力则称为“蛮力”与“拙力”，与“功夫劲”是不能相比而论的。

功夫大抵可分为两种：

其一，通过武术运动所形成的一种与技击手法相运用的劲力。它是长期苦练运用入法的结果，即为“劲力”与“功力”，后来经文人的笔杆子修辞亦称“功夫”。功夫是巧劲与内气及劲功力的总称。故前辈武术大师常曰：“快手吃慢手，巧劲打拙力。”巧劲是训练有素，“功夫”二字则是巧力与气力的结晶。

其二，“功力”是长期内功修炼的结果，也是督任两脉内气打通经络贯通周身的结果。这种丹田内气久练后，能上下翻滚，畅通无阻。内气鼓荡，通常人们称之为“功力”或“内功”。一般是拳不离手，每日坚持练习者才能形成“丹田内气”。常言道：“功到自然成。”马老师讲：“一日练拳一日功，十日不练十日空。”然而，这种“功力”运用于技法上，则称之为“整劲”。这种整劲形成即所谓“气源丹田，贯达两腰，穿通各节，集中一点，瞬间发劲，击发而去”。常氏混元内功柔软架拳法注重此种内力的发挥，发人、拿人、交手不痛不痒。与其他武术内家拳一样，均有内气“发动机”的作用，武术界称之为“气为贯”。

只要长期坚持不懈地修炼混元内功，习者自能逐步认识，悟出这种内功所凝聚的精华之劲，这正是后人所讲的内功与内劲。它是混元功气的运用结果。然而，这种内劲形成有其具体发挥作用的地方。练功者通过发劲使内气贯达周身，自然形成柔软反馈之抗力与弹性力，以作防身之用。它无须任何思考，会本能地由自身“内气”自然形成一种特定的条件反射。其内气即是丹田混元之气，又称内功，是久练混元内功后，周身柔活的运气形成一种波浪式折叠翻滚吞吐与弹簧劲，并能快速集中形成一种化而再发的柔发劲。功力突发于外，达到技击效应与力的反作用力，马老师称之为“弹簧劲”，这两者正是内功所能发挥的功力，常氏称之“鞭子劲、折叠劲与软硬功”。

综合上述，内家拳所产生的功力，实据相寓其间的妙意，在身体抗御外来袭击时，它能产生皮球一样的弹性作用。混元内功柔软架之目的，谓之以内气防范外袭。混元内功其表现为外形柔软灵活，而内体犹如皮球一般的特性，折叠翻滚。内气在外则起到攻击敌手的作用，是以内取外之道理。久练混元内功后形之至柔，内蓄其气，一触即发，瞬间制人，柔中寓刚，松中寓软，具有极轻、极松、极能生刚之说法。但也有不少人练了一世拳，也无一点功力。所谓内家拳功之形成，并非两三年之事，是需要经过真传、单传和长期研习后才能获得的。

五、功的含义

功，从物理力学的角度讲：“它使物体沿着力的方向移动，大小等于作用力的大小与物体移动距离的乘积。”在武术太极的范畴中，功可以理解为一种微能量积累，是通过一种手段与方式，使其达到一定层次的造诣。练功者通过长期锻炼形成或达到一种本领，人们称之为武功。具体讲：“太极在我国武术奇葩中，特指内外兼修，刚柔相济或单练内功的修炼法。”我国太极内家拳等内功是历史发展的产物，它脱胎于中国道教修丹术，又经过近千年的磨砺，辗转沿传，逐步演变成为一种武术太极技击功，养生修心的人类文化。正因为这一承传原因，中国历史中的“功”被世人统称为“功夫”。

六、功夫的分类

后人研究常氏太极，对于“功夫”两字应该有一个较为清醒的认识。本人经仔细的推究，认为可以从下述四个角度进行划分。

（1）从外形总体表现形式上划分，可分为两大类。两大类即静功与动功。从外形总体表现形式上划分为坐功、卧功、站功、行功、滚功五种。

（2）从训练内容上来划分，可分为基本功、专项（单练）功法与辅助性功法三种。基本功练习各门各派大同小异，专项（单练）功法各门各派各有侧重，辅助性功法各派各有不同。

（3）从各家武术、太极各自练习功效形式上来划分，可分为硬功与软功。硬功在武术中称刚性练法，其特点是以形状为主体。软功是武术门中具有柔性练功法，以养生健体、修丹养生为主。硬功能抗暴反击，软功能护体修丹、卸力制力、借力还力。两功皆练，方为魁首。而常氏太极，提倡功架柔架内外兼修。功架练外，柔架练内，外练筋骨皮，内练精气神。

（4）从武功层次上来划分，可分为上乘、中乘、下乘三种功夫。以静功与动功为例，静功多居意识性活动，很多姿势招式只可意会难以言传，特别是柔软架。一般道家修炼途径，由动功入门练习，才能在明师的指导下，由静、慢、轻、松修习后从深修炼静功。静功在武术内涵上称内家功，俗称内功。内家拳也难以入门，“心猿”与“意马”最难驾驭，稍有不慎，将陷入泥潭而很难自拔，江湖称之为“走火入魔”。所以传说混元内家拳，道不轻传与艺不乱讲。道与艺一般指内功的修炼技术，“入门引路须口授，法无声息功自修”，也是对内家功夫修炼技术的一种特定暗示。它告诫后人：静功与内家拳，包括太极混元内功的练习者，内家拳修炼不是人人都能随心所欲、修持操练的。避开中医理论中的“奇经八脉”气机运行不谈，必须投进一位好的拳师门下，由浅入深，由简入繁，由动功入门而后静修持练，这才是修炼内家拳之“正途”，也是终南捷径。一般常氏太极入门都是从大功架开始，然后才进入混元内功柔软架。内家拳的静功修炼不容易成功，也因其有一定难度。

内家拳的混元内功修炼被人们奉为“上乘功夫”。静功练习必须是有一定层次的有素者。相对而言，功息相依，动静并存。这种融合性“静动功”修炼者，可视为武功学科中的“中乘功夫”。而无意识或少意识，以肢体运动形式为主的动功练者，虽高于体操，却类似于体操或拳操，在武术学科中当属“下乘功夫”。

在我国武功中，包括太极内家功夫，“功夫”一般都是通过“拳艺”

与“功力”来展示的。“拳”又是“功夫”的综合表现形式。武术界素有“十年拳术九年功”之称，又有“拳无功不立”之说法。由此可见，“功夫”在武术界中的地位之高、位置之要、作用之大。“功与拳”之间既独立又相融。“功”相对于“拳”而言，“功”多属于单式，形式单一，往常拳师讲“单动作，出功夫。单动作，出成效”，不强调外形展示的连续性。

相对于“拳”而言，“功”在现实生活中，还缺乏一些理性观念，但对技击与养生则实用性强。而“拳”是功架动作的连续反应，在动作运转过程中体现一种运动风格，给人们以艺术享受与美感，便于激发武术、太极爱好者的兴趣，并具有易记的特性。人们或多或少受这个因素的影响，以至于当今社会生活中练拳的人多于真正练功的人。

现代社会中，练拳的群体多数局限于中老年人或者体弱多病者，而与武术相关的工作者、研究者以及爱好者少，甚为可惜。但是，要提醒的是：无论你从事何种健身养身的形式，费了多大的力，转了多大的圈，只要持之以恒，练到最终的归宿，还是回归到练“气”上来。正如拳谚所说“练拳不练功，到老一场空”和“功到自然成”。具体地讲，世上的功法训练，如果一味地追求拳架造型或姿势优美，则难以达到道家所言“修心炼丹”乃至内家拳的更高境界，也难以入门混元内功柔软架。

七、练功旨要

（1）静功修炼法通旨。这是以人的意识引导为主，以假借的感觉为载体，是在身体极度放松，心境又极度平静的状态下进行的意识自然活动。外形表现为肢体轻松又相对静止。道传中“拴心猿”、“锁意马”均为内功精修范畴。对练功者有排除心生杂念的约束要求，力争做到“不惊、不喜、不悲、不恒”。所谓“道法与拳法”，外形与蠕动自然，龙伸与蛇引连贯，这是对静功混元内家拳修炼者的总体要求。

（2）动功修炼法通旨。这是以人体外部肢体运动为载体，通过伸展收缩，扭转腰椎等多种运动方式，有节律地带动呼吸吐纳，促使机体新陈代谢，达到健体养生之功效的特殊的练习方法。外形表现为肢体局部或全部运动，目的是以动带静，逐步达到动静结合，从而达到互为依托之功效。

（3）“下乘”练法仅需掌握正确的肢体运动方法即可。活动关节，弯弯腰，持久练习对健身有帮助。“中乘”练法，不仅需要掌握正确的肢体运动规律，还要学会配合呼吸吐纳技巧，出掌为呼，收臂为吸，长吸短呼，短呼短吸等口吸鼻呼法与口吸口呼法。“中乘”功夫，必须掌握的是喷、闭、吸、吐、吞、压、吼等吸气法。如此配合方能达到真正意义上的养生健体的中期阶段。一旦进入“上乘”功夫，即用腹式呼吸，呼吸是无声无息的，犹如龟吸与蛇吸。

(4) 不同形式的动功与静功修炼，其部位要求各有侧重。从肢体运动形式上看，有的侧重于某一部位，有的侧重于整体，也有的注重于内腔腹部；从保健方式上看，有的偏重于按摩拍打，也有的偏重于呼吸吐纳。无论以何种形式出现，最终的目的是获取功息相依、健体养生、延年益寿“百”老春之功效。这也是丹道修炼者之入门正途、终南捷径。所谓修丹悟道的哲理，以修丹行气而言，可以理解为修性养命之理。一旦步入混元内功柔软架，即中乘、上乘阶段，才能感悟生命价值，珍爱今日，顺应天时，服从自然。俗人称此类修丹悟道者为“仙人”或称“活神仙”。

我们提倡，大众健身养生以动功放松为主。如果是步入混元内功而痴于太极此道的人们，可以在老师的指导下，自己用心去领悟静修蠕动之大法，去感受修丹行气养命之乐趣，升华自己的生命价值，感悟人生之真谛。

八、功效问题

太极五百年来诸多实践证明，练习方法一定要得当，用科学的态度来对待“功夫”问题。练武术学太极不先求“武功”与技击的防卫功夫，而后追求健体养生。绝居自然，久而久之在修丹悟道的内家拳境界里定会出成效，功到自然成。我们不求技击防卫功效，而求自己能在单传与真传的环境中，或在单练环境中静心修炼，持之以恒。如此，同样会具备各种本领，水到渠成。它会自然形成一种条件反射，世人称其为“神技”或“功夫”，其实讲白了，就是自然造就了一身独特的技击防卫功能。

九、诫勉语

法明一理，万法归宗，阴阳两气平衡，打开督任两脉等。任何事情都要适度，就修炼内家拳而言，过度必伤身。身体不适，谈何学常氏、练太极，更谈不上修丹悟道去练习混元内功柔软架，在此劝诫练常氏太极者，切记！习练混元内家拳定要因人而异，要十分了解此人的身体状况，且此人对太极有一定的思想准备，从内心里酷爱太极，要针对各人的实际情况，对症下药，选择适合他们的需求。然后，有的放矢，进行传授与体味，才能有所收获。否则，不适合的东西，勉为其难，遭殃的还是自己。功夫，有益于造福人类，也会伤人与害人。贵在如何操作与区分，火候的把握最终要靠自己。

本人认为欲习常氏太极，不可没有师傅，这是太极的传承现状决定的。混元内功柔软架百分之六十依靠的是身传，而百分之四十依靠的是言传，又有许多东西是文字难以表达，更无法说明的。中国武术，尤其是内家功夫传统上多小范围地传教，而那些成功者往往是单传与单练，又必须是得到真传，只有这样才能掌握太极精髓。有一句俗言：师傅领进门，修艺勤为贵。常氏太极自问世以来引师修道，拜师学艺，历来在门内、道内单传口授、身传、身教、重言教。而不入门室是很难学到太极内涵技能的。即使在民间具有精绝武技的太极拳师，也惜技如宝，非常人能窥其真面貌。建议有志于投身研究学习常氏内功柔软架的同仁比较一二，才能志向于门内从深探讨，加深自身悟性，才有可能得到精绝武技。

唐朝文学家韩愈在《师说》一文中写道：“师者，所以传道、授业、解惑也。”用现代语言讲，先生及师傅的职责，就是引导学生及徒弟明白一个道理，让他们得到知识、技能与谋生本领，帮助后人延续发展、解除疑问与迷惑，促进学生与徒弟在处世、继承等方面健康发展。

常氏太极先师、前辈以及马殿臣老师，他们反复讲：“常氏太极学会极容易，练熟、练精、练出功夫难。”要想练出丹田气，这是时间与恒心的微能量累积。未知太极内中玄妙，就是讲给你听，练给你看，不到火候层次，是很难体会的。如果内中的玄妙略知一二，经良师一点便知，再经过自己的磨炼，便能够解开玄妙。说穿了，所谓内功的玄妙，无非是内劲与走劲以及行气问题，而混元内功柔软架又不是人人都能练习得到的。这是一个难坎。练拳练功讲究一个得法与得体，特别是内家拳太极。能得法又要看他身体状况、智商与悟性，从而才能体味理解它的内涵。从理解中寻找感觉，又从感觉中体会天赋与智商、时间与恒心的累积。多练多得，少练少得。常氏太极流传至今半个世纪来，已是枝繁叶茂、派别练法众多。但不同的教师在具体的练拳上，招式、走架、行功、劲路、呼吸、导引等方面，各不相同，包括手腕引劲等要求上，甚至步法上都有着较大的差异。假如相互穿插学练，势必会影响自己的运动风格，而每个人的体形、智商又均不相同。客观地讲，每个人理解能力也不一样。我个人建议，根据自己体形练出自己的风格，犹如写字练字一样，在继承的基础上打开督任二脉。练气行气、混元内功柔软架的走劲及内气走势，每个人肯定不同，宜放下架子，取各家之长，补己之短。前辈常先生讲："学到精益求精艺，方为太极门中人。"这才有创新。勤能补拙，千万不可拿己之长比他人之短，常氏的后人及学员能坚持下来的已难能可贵，入门于混元内功柔软架的人更是少数，要在修丹悟道的层次上去理解"多练多得，少练少得，不练不得"的含义，深层理解"从外形到内形，从有形到无形，最终达到从太极到无极，又从无极到终极"的太极内涵境界体系。

十、练法

（1）大龙形：起势、龙形下势。

（2）小龙形：手挥琵琶、斜飞式、海底针、左右披身。

（3）龙形：进步搬拦捶、退步搬拦捶、退步跨虎、进步挫捶。

（4）蛇形：蛇摆尾、蛇头、蛇出洞、蛇盘下树、各式正反云手、玉女穿梭。

（5）蛇引：单鞭与上步挤之间衔接，鹰扑与蛇出洞的结合。

（6）鹰形：鹰飞单鞭以及双峰贯耳、斜飞式老鹰叼鸡。

（7）虎形：豹虎归山、十字手在搂膝拗步之间虎扑、打虎势、退步跨虎、弯弓射虎。

（8）蛇头：揽雀尾转单鞭中衔接，搂膝弓步，倒撵猴，各式搬拦捶中的衔接。

（9）蛇摆尾：揽雀尾，蛇形下势，左右进步挫捶。

（10）蛇出洞：上步揽雀尾、上步挤肘、搂膝指裆捶等中之衔接动作，均有蛇出洞。

【说明】

（1）由上述各形组成的叫"龙身蛇形"。柔软架中着重讲究"龙身蛇形”，外观有人叫“折叠翻滚缠丝劲”，马殿臣老师传授的叫“混元内功柔软架”。

（2）各式内分劲均归蛇形一类，如：倒撵猴、野马分鬃、搂膝拗步、玉女穿梭、金鸡独立。

龙身练神，练时周身无须用力，暗听气注丹田，遍体活泼，两臂沉静，心心相印（手心、足心与躯心），如神龙游空，四肢屈伸不测。

蛇形练气，气之吞吐抑扬，以沉静柔实为主，如蛇之气，节节灵通。未着物时，若甚无力者，然遇物时，则气之收敛胜于勇夫。练至经感后，便能知也。练气柔身而出，臂活腰灵，两臂推按起落，若蛇之两舌，且游荡曲折，有行乎不得不行，止乎不得不止之意。所谓百炼之钢，贯穿平时练拳之中，掌法成背平曲指之柔。

鹰爪练软功阴柔之劲。鹰爪此掌法只有常氏太极十分讲究，其他太极门不能说没有。太极传于他人后，唯马殿臣老师练拳中有此掌法，俗称鹰爪力，纯属内力，含有叼、抓、扣、翻。要达到纯熟的地步，没有引师入门不可。此功用以击人犹如利刃，甚至能洞胸入腹。此功法为软硬兼修，刚柔相济之劲，阴阳相合之力，太极前师杨班侯擅长此功。鹰爪在我们练拳中尤为重要，软功阴柔之劲，非三年五载能练成。

蛙腹犹如发动机，医道称胎儿呼吸。练常氏混元内功柔软架就是要腹腔形成波浪形折叠翻滚，常氏中讲究内含折叠劲。

第五节　常氏太极大功架与柔软架练功要诀

一、十三太极拳诀

十三太极莫轻视，柔软化卸在腰隙。
先天太极十三势，招式变换须留意。
静中有动动犹静，气遍身躯不稍滞。
左右开弓揆用意，过招遇强肩招人。
时时留意各招式，腹内松静气腾然。
尾闾中正神贯顶，因敌变化示神奇。
满身轻利顶头悬，屈伸开合任意行。
入门引路须口授，功夫无息法自修。

功架柔架何为难，得来不觉费功夫。

想得用意终何在，益寿延年“百”老春。

正反十三求内实，字字真切义无遗。

要学太极惊人艺，须下日月苦功夫。

二、十三太极拳诀心解

“十三太极拳诀”，昔称先天太极十三势。前辈常先生用一百六十八个字的歌诀形式，概述了常氏太极拳术的练功要诀，言简意赅，阐明了练太极的最终目的是“益寿延年‘百’老春”。拳诀中，前辈常先生反复强调“用意”，指明推手或练拳中的要求——“时时留意各招式，腹内松静气腾然”，“屈伸开合任意行”。“十三拳诀”中还进一步阐述了太极必须保持身法中正、虚灵顶劲，才能获得轻灵婉转，内含折叠之功夫。“尾闾中正神贯顶……得来不觉费功夫”阐明练太极时的方法问题，只要练习得法，准有“东西”练出来。无论推手也好，练拳也好，应是“静中有动动犹静”，“因敌变化示神奇”，这也阐明了随机应变、因势利导的太极内涵。

“十三拳诀”从圆的角度出发，阐述了动与静、练拳与推手、技击与健身的双重关系，强调“十三势”要正反练习，使自身习惯养成“左右开弓揆用意”，“正反十三求内实”的真功夫，阐明了太极是一个立体圆的理念。无论正势或反势，全身运动均意在腰隙。这就是我们平时强调的“万事腰领先”和“以腰为主宰”。

三、十三势太极行功心解

“十三势太极行功心解”是太极拳修炼的行功准则，毫无疑问也是常氏太极的练功指南。同时，“十三势太极行功心解”还含有两种太极内涵。

1. 太极内涵一

太极讲究“以心行气，心为令。以气运身，气为主”。任何动作的关键在于腰。常先生从几个方面阐述了如下内容：

（1）常氏太极运动犹如“搏兔之鹄，盘旋不已”；

（2）十三势各招式神态犹如“捕鼠之猫”全神贯注；

（3）定式各招要“静如山岳”、“中正安舒”支撑八面；

（4）七捶六掌行进时要“动似山河”、连绵不断、浑然一体；

（5）内体行气犹如“九曲珠”，深缓沉着，收敛入骨，达于四梢；

（6）身体扎实沉重，完整圆满，毫无缺欠，左右开弓，无不得心应手；

（7）蓄劲如开弓，含蓄如吞吐，曲缩圆活，腰似弓箭；

（8）发劲似放箭，松静沉着，直奔鹄的。

十三势太极其间关系是：动中求静、曲中求直、蓄而后发、化而再发、走化结合的哲学原理。马老师讲：“若想求得真功夫，练拳时先求开展，后求紧凑。每天练拳先练功架求长，后练柔架紧凑。具体地讲，先练大功架，后练柔软架效果更好。”

2．太极内涵二

推手，要“内固精神”、“外示安逸”、“神舒体静”。前辈常先生用四种形象的表达说明推手：①推手运动犹如“抽丝”，劲力匀长，连绵不断；②步伐变化犹如“猫行”，不知不觉，从容轻灵而又柔韧；③腰部活动好坏的关键取决于“十三势”正反的熟练程度，犹如“车轴”，左旋右转，润滑无滞；④行气要深缓细长，轮转不息，敛入脊骨。

前辈常先生在遗教中指出：“无论练拳，或是推手，必须由意识支配。”此意识就是“用心”去支配，切不可用呼吸支配动作。呼吸行气必须紧凑配合意识，无论何种场面千万不可由呼吸去支配自己，否则“在气则滞，有气者无力”。

四、十三势太极柔软架练功秘诀

“十三势太极柔软架练功秘诀”明确指出：“练十三势柔软架时，定要思想集中，呼吸自然，视线平整，头顶中正，犹如悬空。”同时，前辈常先生讲：“若想获得太极拳术造诣或想获得健康，则必须在功架练完后，再去练柔软架，我们谓之内外兼修。功架练腰腿力，柔软架练精气神。”功架要求“轻、慢、圆、匀”；柔软架要求“练功以松静为原则，呼吸以柔和为标准。切记内练精气神，莫忘外修玲珑体”，“周身节节灵活，意气贯注，内外兼合。始终保持顶头悬，并重用意，使身体内外浑圆一体”。

柔软架过关要诀：

（1）活泼于腰，机灵于顶，神勇于背，流行于气，行之于指。

（2）蹬之于足，运之于掌，筋通于趾，敛之于髓，达之于神。

（3）凝之于耳，息之于鼻，呼之于口，纵之于膝，浑灵于身。

（4）拿之于掌，发之于腕，折叠于背，气提于脊，沉发于掌腕。

（5）引向于掌指，截拿于掌心，神贯于顶，化之于蛇引掌，全身发之于毛。

五、常氏太极练拳与推手

常氏太极不在于样式，而在于气势；不在于外形好坏，而在于内体球体蠕动。练拳上松下沉，下稳上柔。推手以守为攻，化而后发。虚实变换，走化结合，其根基坚如磐石。

平时练拳行功，由浅入深，步步深入。每招每式须揣摩空、松、轻、圆、活之道。功架力求神气鼓荡。柔架追求气球形体。全身好似立体球旋，气势腾挪，腹腔、脐上、脐下轻盈得像微风中的柔柳缠枝。每招每式皆螺旋缠绕。

两手无论高低屈伸，一前一后，一左一右，皆能灵活自如。两腿前进后退，左右旋转，无不得心应手。日久功深，有不知手之舞之，足之蹈之之境。明白原理，练熟身法，善于用意，巧于用气，到此功夫，方为功到自然成。一举一动，皆能合度，无所谓对与不对。

学练常氏太极，必先求虚灵顶劲。虚灵顶劲中力求两肩松开，不需丝毫之力。有力者便不能肩化与肘化，更不能舍己从人，引进落空。虚灵顶劲中又讲究沉肩垂肘，才能打开督任两脉。次求尾闾正中。正中者，脊根对脸之中间。能正中者，便能八面支撑。能八面支撑者，便能旋转自如，无不得力。

常氏太极十分强调以守为攻，以意运气，非以力使气，更不受呼吸支配。推手中更不允许由动作招式来支配呼吸，它是本能反应、条件反射。切记："曲伸开合任意行。"

推手先在心，后在身。腹松静，气敛入骨。神舒体静，龙伸蛇引，蛙腹鹰爪。大龙形、小龙形，刻刻在心。

推手一动无有不动，一静无有不静。引动往来守中定，沾粘连随气贴背，敛入脊骨。内固精神，外示安逸。迈步伸缩如猫行，运动周身如抽丝。外练筋骨皮，内练一口气。功架筋骨皮，柔架周天气。步动而身法不乱，手动而气势不散。

单动作和传统套路力求腰腿功。十三正反柔架求全，探索已臻圆融精妙之境。非以力使气，能以意制人过招，说有即有，说无即无。一举一动，无不从心所欲，得心应手，条件反射。

常氏太极练拳与推手，用简言阐述平时太极锻炼或推手之注意事项，如是，方能用功一日，技精一日。

(1) 功架要求："明白原理，由浅入深，练熟身法，浑圆一体。目的增强腰腿功力，切记腰腿无力，全身皆空。"

(2) 柔架要求："善于用意，巧于用气。以心行气，反对以力使气，力求自身立体气球一般，空松圆活。"

(3) 推手要求："悟太极之理"，"悟阴阳相济之义"。

(4) 明确指点：练拳即是推手，推手又是练拳。唯练拳似推手，推手似练拳。用一元论的观点来阐述太极。

(5) 太极的造诣是在长期的锻炼中求得，努力使身体内质柔中寓刚，阴阳相济。须知太极之所以不强调身体的强弱，不强调力量的大小，关键就在于它的训练方法，掌握尺度以及身体，练就自然条件转化反射功能，从而达到以小制大，以柔克刚，以弱胜强，真正练成借力还力，卸力制力的太极功夫。

附录：

全佑传太极八法秘诀

掤劲义何解，如水负行舟，先实丹田气，次要顶头悬。
全身弹簧力，开合一定间，任有千斤重，漂浮亦不难。
捋劲义何解，引导使之前，顺其来势力，轻灵不丢顶。
力尽自然空，丢去任自然，重心自维持，莫为他人乘。
挤劲义何解，用时有两方，直接单纯义，迎合一动中。
间接反应力，如球撞壁还，又如钱投鼓，跃然声铿锵。
按劲义何解，运用如水行，柔中寓刚强，急流势难当。
遇高则膨满，逢洼向下潜，波浪有起伏，有孔无不入。
采劲义何解，如权之引衡，任尔力巨细，权后知轻重。
转移只四两，千斤亦可平，若问理何在，杠杆之作用。
挒劲义何解，旋转若飞轮，投物于其上，脱然掷丈寻。
君不见漩涡，卷浪若螺纹，落叶堕其上，倏而便沉沦。

肘劲义何解，方法有五行，阴阳分上下，虚实须辨清。
连环势莫当，开花锤更凶，六劲融通后，运用始无穷。
靠劲义何解，其法分肩背，斜飞式用肩，肩中还有背。
一旦得机势，轰然如捣碓，仔细维重心，失中徒无功。

第六节　关于大功架及柔软架要求

据前辈常云阶先生回忆：当时杨家授拳内外有别，外传的是养生站桩功，也是为太极服务，技击与散手很少传授。外来学太极练拳时也要求沉肩垂肘，筋骨舒展，关键时也强调“尾闾中正”。门内练拳大不一样，低沉婉转练的是腰腿功。舒展大方练的是抽筋拔骨、脱胎换骨功夫。内含折叠练的是含胸拔背内部发动机，练丹田气。特别讲究外三合，即手与脚合，肘与膝合，肩与胯合，不允许猫腰猴头。既不是压，也不是散，而是紧凑连贯。气运掌指梢尖，使“劲”犹如石投在水中泛起的波纹渐渐扩大浑圆，使气顺两胯自然松散下至脚足趾端，此为“三连架”之圈圈劲，即肩圈、腰圈、胯圈，这三圈又可引分上中下前后六个半圆，中脊为浩然正气贯顶。

纵观前辈的理论与实践，概括总结常氏太极以“圆”为基础。意识到立体之“圆”，从任何一个角度都能均匀受力，保持周身稳定与平衡。

前辈常云阶先生把大功架练习要领概括为“轻、慢、圆、匀”。而师傅马殿臣对柔软架作了补充说明——“轻慢，圆柔，缠弹”。

“轻”是要领。由意念引导全身放松，使各式动作轻盈舒展。

“柔”是谋略，以虚避实，以柔软化解对方力的变化，又使敌手失去平衡，引出四两拨千斤之理。

“缠”是太极理论的核心。犹如春蚕吐丝，将蚕茧紧紧缠住，令人措手不及，将敌手制服。

“弹”是技击。当遇到攻击时，自身形成的“圆”能在瞬间改变敌手力之方向，将敌手弹抖击出，这是出自本能而形成的攻击性条件反射。这就是太极，功到自然成。

“力与劲”，力是肌肉迸发而出；劲是训练有素，全身含蓄，内气释放。劲从何来？是日积月累练太极而生。掌、拳、腕、肘、肩、腰、膝、脚、趾等，包括任何发劲，均由后天形成。力方而劲圆，劲训练有素，它能将周身“内气”形成球体一样畅通无阻，使周身轻巧灵活，合乎劲路内家功夫原理。练太极十分强调用劲不用力就是这个道理，“力”与“劲”在本质上不一样，务须注意。

“用意不用力”要求练拳时要重用意而不用拙力，五官百骸，节节放松，听命于心。以心行气，动作自然柔缓运行。在特定的条件下，自身的丹田气就会形成。学常氏练太极，练什么？拳经曰：“练拳不练功，到老一场空”；“内练一口气，外练筋骨皮”。“功”又是什么？是内气！内气由太极生。“内劲”是太极的结晶，古人称“阴拳”，看不见摸得到；“阳拳”是看得到，而摸不着。

一、手法

无论大功架还是柔软架，练拳时手指宜松柔弯曲，而不宜僵硬。掌须有气势腾挪，又有预动之势，而无散漫之意。松臂垂肘，伸展曲收，应有响应之意。何时意动，何时手动，要练成得心应手，力求做到阴虚阳实，劲贯手指梢尖。

手指又不能因追求松柔，而失去鹰爪之形。常氏太极手形分掌、拳、钩、鹰爪、蛇形五种，整个普及套路为一零九式与柔软架一一八式，这八种掌形统占着整个套路。

常氏太极之风格：蛇引，鹰爪，龙伸，蛙腹。其掌舒松，五指微合，又不可为求舒展而练成戏曲演员般的兰花指节。常氏太极“鹰爪”统占整个传统套路百分之六十五的招式，要切实有效地重视掌法运用。常氏拳诀曰：“发之于蛇形掌，引向于掌指，截拿于掌心，沉发于掌腕，折叠于掌指节。”

常氏大功架与柔软架，应以自然舒展为主。手指既不可用力并紧或僵力张开，更不允许大拇指远离食指分开。掌心在屈伸过程中应练成瓦形，其手掌背面平指节，形成曲直形状，五指自然微合为佳。手指掌节又有虚实之分，随着练拳技艺提高，须分清阴阳虚实。拳术中蛇引向前伸臂过程中，掌指折叠，手臂旋转，逐渐舒展，微微展指，坐腕伸指，展指凸掌。意识严控自身掌心是否微微贯劲前突，称为“放劲”，这一曲伸展指的全过程，称为“蛇引掌”，有时也称“蛇出洞”。又谨慎又圆活，蛇引虚实之分，犹如螺旋反复往来左旋右转，右旋左转内分前进后缩。手掌由蛇形舒展，复原归还于含蓄内收成微曲形。

掌腕运形，靠的是肘臂的旋转，既要分清走腕与活腕的关系，又要分清食指与小指领劲内在的因素。即内旋与外旋，其目的是走腕活血。无论是走腕与活腕，或者食指与小指的领劲，它们顺转与逆转均来自于腰脊丹田的支配。

手掌指劲的腕力，由内气分合，似松非松，既柔软，又有缠丝之分。能否运用鹰爪蛇形，是常氏精华之所在。

手臂前伸，曲中有直，直中有曲。直中不僵，曲中无散。绵绵不断，旋转缠绕，蛇曲前伸贯穿太极招式之中。

二、眼法

常氏传统套路中，对眼的要求极为严格。神聚于眼，眼是心之苗，意从心中生。我意欲向何处，则眼神直射向何处，周身亦转向何处。若锻炼得法，则眼睛炯炯有神，从技击上来讲，也能威慑对手。

常氏太极主要从三方面讲眼法之运用：①拳经中提到“练拳莫闭目，闭目非真拳”。眼睛似闭非闭，便于凝聚心神养气。练常氏太极，静心养气至关重要。从我的经验上讲，常氏太极益肾利清，活血祛风，也是聚神养精、行之有效的一种途径。②拳经曰：“拳到眼不到，这叫瞎胡闹；眼随手动，光芒四射，势随腰隙，耳听八方。”领劲运用受意识支配，犹如空中飞翔之雁阵，由领头雁引领。③眼随拳势招式运动，而顾及周身，便于随时矫正身法，以达到调劲和阴阳平衡，有利于提高拳术之应变能力。

三、身法

拳经中有云：“学拳容易身法难，学拳容易改拳难。”常氏太极与其他各式太极对身法有着共同的要求：①提顶；②松肩；③沉肩；④垂肘；⑤含胸；⑥护肫；⑦拔背；⑧弓腰；⑨吊裆；⑩敛臀。然而常氏太极也有其独特的身法要求，强调“外三合”和“内三合”。行拳时要求龙身蛇形，身如游龙，腰似蛇脊；上下相随，内外兼修等。

拳论曰：“动之则合，静之则分。”常氏太极要求“手分阴阳”，又要“脚分虚实”。马殿臣老师讲“矛盾劲”，就是动中求静，乱中求正，直中求曲，曲中求直，它们是相互利用又相互制约的一对矛盾转化关系。常氏太极允许动作伸缩落差，身法虽倾斜但不失中正，这就是“中正之偏”

之理。马殿臣老师讲：“中正是相对的，不是绝对的。”以头正、肩平、身稳、尾正，一线贯穿为原则即可。

四、法

常氏太极有着自身特殊的规范，而有别于其他门派太极拳。前辈常云阶先生讲：“练太极必须知明规、守规、脱规、合规。”后学者只有领悟常氏太极基本要领和特殊要求，加上苦练，方能逐步掌握常氏太极技艺之精华。

第七节　常氏太极柔软架作用与气的关系

常氏太极柔软架，亦称混元内功柔软架。柔软架必须有大功架的熟练基础方可学练。掌握常氏太极大功架百分之六十以上的人，才有深造的资本。这里主要探讨柔软架应从哪些方面着手练习，并在较短时间内逐步掌握其练法。

马殿臣老师再三强调：“常氏太极前三年易学，后三年难学。”在我们这一代入室师兄弟中，在练到此阶段时都应验了这句话。

让我们重温五字诀之“轻、慢、圆、匀、旋”。“轻”要求姿势动作要轻灵。动作要慢，这人人皆知。但柔软架中的慢不一样，它突出的是呼气时要“慢”而细长，即不但动作要慢，而且要气沉丹田，引发出腹式呼吸。“圆”也不一样，“圆”通俗地称为“圈圈劲”。太极各招式讲究圈圈衔接，圈圈大劲路散，圈圈小劲路好。柔软架中讲的是内体腹腔中的“气”象畅通无阻，如环无端、由外形引发出内体走向内圆。混元内功架指的是腹腔内看不到、摸得着的一股气流。文字上讲：“由外形到内形，从有形到无形。”无论何动作均来自腹腔之“气”，传递到手与脚，从而完成各招式要求，这里的“气”为领劲。

值得一提的是，“旋转”与“圆”的概念不一样。大功架中，我们是由圆来完成圈圈劲。柔软架则由大小不一的圈圈旋转，在旋转中逐步引向螺旋运行，螺旋劲是柔软架之精华所在。

我们知道，人之寿命长短与遗传基因、生活习惯、日常规律、精神状态以及个人体质等因素，有着千丝万缕的关系。其中，人体运动方式与气的内在联系极为重要，千万不可忽视。

前辈常先生讲："气者，人之根本，人之有生，全赖此气。"强调"气"是生命之本。既然"气"在人体中处于如此重要的位置，那么，我们通过什么好的方法，让"气"来健身呢？古代《黄帝内经》中告诉我们："呼吸时，氧气吸进时一大片，呼出时一条线，呼气时讲究一个'慢'字，慢与息相连，称为息息相关。"该成语由此而来，这个"息"字大有学问。特别对我们练太极者，对"息"字要研究和推敲一辈子，太极气化作用的过程，是物质代谢转化能量的过程。

这里我只能谈谈自己练柔软架后的部分体会，仅供大家参考，望日后共同研究提高。

先师常远亭不仅是著名的太极高手，又是一位著名的中医学家。他收集整理了历代太极名家有关以气养生的论述，从中医角度汇集了太极柔软架养心修身的《延命录》，其中就记载了太极练功养气"五字诀"的呼吸方法。提出练拳时呼气一条线，就是指呼气时不急不猛，即缓慢、均匀而细长。既要完成太极各招式要求，又要力争做到"轻、慢、圆、匀、旋"。在运动中吸进体内的是自然环境中清新的空气，呼出的是淤积于人体内的污浊之气，其中呼与吸的方法都突出一个"匀"字。我们知道，乌龟的呼吸缓慢，行动也最缓慢，是世上寿命最长的动物之一。它不仅能在陆地上爬行，还能在水下呼吸，其原理就是乌龟的呼吸形式，医学上称胎儿呼吸，武术上称腹式呼吸。还有蛇引练气，气之吞吐抑扬，以沉、静、实为主。如蛇之气，绵绵不断。我们平时练习柔软架就是要不知不觉地使气能柔身而出，臂活腰灵，起伏自然。各招式所产生的劲路来自腰脊，由腰脊来支配手脚，而腰脊各推力来自于内气的支配。我们讲由外形到内形，从有形到无形，就是这个道理。

蛇之运动，其体柔若无骨。其动，则节节贯穿，无论缓慢蠕动还是疾走如风，或起或落，莫不浑然一体、应物自然。太极柔软架以人体两臂推、按、起、落，犹如蛇之有两舌，且游荡曲折，有行则不得不行，止则不得不止之意。柔软架中所产生的螺旋形，外表看是内分劲，我以为这恰恰是"蛇引"的一种充分体现。旋转内分产生了角度变化，进而改变了力的方向。柔软架之旋转内分、左旋右转、右旋左转，起到按摩作用，使身躯脊椎以及各关节韧柔；柔软架之呼吸慢匀深长，起到气化作用，推动各脏腑组织血液、津液、气脉的新陈代谢，温养全身，祛病延年。

太极柔软架的功效，须从架功中下功夫。我养拳一年，拳养我三年。通过潜心练习，真正体会该拳松柔灵活，完整连贯，气淡精练，柔化为主，整劲浑圆，体用合一之优点，同时达到“延年益寿‘百’老春，祛病延年活神仙”之目的。

第八节 常氏太极推手方法与技巧

太极推手，也称太极打手。推手是消化太极拳术技击作用的一种方法，也是学习理解太极拳术以至应用的中间过渡形式。

常氏太极综合各种武术精华，经过几代人实践，不断总结提高，概括成现在一种独特的推手形式。它是在完整的太极理论指导下，形成一种独特的推手风格——滚推。滚推形式不同于其他太极门派推手方式，更不同的是常氏推手是“左撇子”。前辈常先生讲：“练拳本身就具有极高的技击作用，然而练拳是为推手服务，反过来推手又消化了太极内涵，加深对太极拳法的理解。”特别是在日常生活中的应用，从提高自身防御技击运动出发，推手指导性的意义就更大。这也是我师傅马殿臣的经验之谈，因为太极推手必须有腿力与腰力。这两者功力哪里来？从练拳中来。由于我们长期练常氏太极，不知不觉就已经具备了腰力与腿功。有了腿力，坐身就稳，功力大。有了腰力，活动就能自如，左旋右转、右旋左转无不得心应手。手手连圈，圈圈套圈圈，不知不觉内生了卸力制力、借力还力的本能，我们谓之本能条件反射。推手又与拳架有相辅相成的实战效果。只练拳架而不练推手，便很难领会、理解太极拳法的内涵要求，更不能灵活运用拳架和检验练拳中出现的问题。反过来，只练推手而不练拳，则功夫很难长进。我们练拳的最终目的是，既健身又防身，合理地发挥巧力或劲力，进而达到制服敌手来获取技击之效。

前辈常先生讲：“走架即是推手，推手又是走架。”其内涵要求在平时练拳中，无论是单动作、十三势或传统套路都必须处处拟想与敌手过招，无人若有人。推手也是这样，有人可以推，无人也可以推，自己跟自己推，揣摩每招每式的作用，并全神贯注。在各种情况下，要用心投入，灵活运用拳架中之招式，领悟、总结、了解技击方法和应用。善于运气，而不是用呆力和僵劲，要形成卸力制力、借力还力之条件反射；巧于用劲，劲分虚实，手分阴阳，脚分攻防。太极讲究万事腰领先，步随身换。而简化太极拳已多演变为集体拳操，太极之本来古意也不知不觉地在流失。太极描述了基本要领，以及在锻炼过程中应具备的境界。这境界就是打开督任两脉，即是精、气、神。因此，平时练习太极首先应该熟稔太极拳架各式作用。要了解当你袭击他人或被人偷袭时，也正是双方失势之际，此瞬间是微妙的。我们平时讲柔架是无价宝，就是这个道理。要从走架中逐渐消化，悟出走架与推手的技击作用的关系。它们是相辅相成的两条腿，缺一不可。其招式犹如人走路一样多次循环，反复完成。只有这样，才能体会与理解太极内涵，使理论练拳与实践生活紧密联系起来。由此可见，常氏太极不是单纯练拳、单纯推手而能求得的。太极内涵拳术的造诣，必须在推手与练拳互相紧密结合中才能获得。

太极推手种类很多，主要可分定步推手和活步推手两种。定步推手是活步推手的基础。定步推手强调“挪捋挤按”四正推手，即是沾粘连随。活步推手强调“采挒肘靠”四隅推手，即是舍己从人。

20 世纪 60 年代，我师傅马殿臣获得 1963 年首届上海市太极拳推手冠军。前辈常先生讲：“我一生学生中，唯小马练得最好，望后学者从小马那里得到真传。”马老师的推手独具一格。我 80 年代初与刘古宝拜马老师为师后，发觉他的推手与众不同，手手封肘，封逼浑圆，无缝可钻；封肘锁关，独具一格；沾粘连随，滚肘内翻，特别巧妙，从中悟出了下述经验供大家参考。

推手必须遵守基本原则：“沾粘连随与舍己从人。”“沾粘连随”是获得“轻灵浑圆”的基础。“得机得势不支离”，“不支离”的意思是完整、不丢不顶、恰到好处。“得机得势是推手的核心和关键”，这句话的含义是：你在各种场面推手中能否控制对手的重心，在稳住自身重心的同时，使对方失去平衡，唯我所制。在推手实战中要不丢不顶，沾粘连随，因人所动，随屈就伸，得心应手。如果在稳住自身重心前提下，能使对方失去平衡，并控制着对方，则能在推手实战中获得主动权，要怎么动就怎么动。舍己从人是要求自己不根据主观愿望去迫人就范。艺高者发人不痛不痒，还能制人使其心服口服，所谓“由己则滞，从人则活”。但是，若想能够舍己从人，必须善于沾粘连随，不能有顶偏丢抗等现象出现。因此，在太极推手中，对待敌手的任何动作都要化而再发。前辈常先生讲：“我们无论推手还是练拳都要有含蓄劲，用现代语言说就是吞吐后发制人，化而再发。”既要使人心服口服，又不伤和气结怨结仇；既要符合沾粘连随的基本原则，又要达到健身防身的目的。四层功讲究掌握沾粘连随的基本功法。五层功讲究舍己从人。推手中招致失败的原因很多，人谓产生“顶、偏、丢、抗”，会在推手中产生停顿，变得僵滞，这是基础功上不肯下苦功夫之故。“入门引路须口授，功夫无息法自修。”

四层功，沾粘连随。常先生讲：“沾者，提上拔高之谓也。粘者，留意遣绻之谓也。连者，舍己无离之谓也。随者，彼走此应之谓也。”要知太极推手是知人知觉运动，定要明理沾粘连随不可。斯沾粘连随之功夫，亦须从走架中去细心推敲。

常先生在推手中，关于顶偏丢抗问题作过这样的阐释：“顶者，出头之谓也；偏者，不及之谓也；丢者，离开之谓也；抗者，无功夫之谓也。”要知这四字之病，是太极推手中最忌的。推手中不但要知沾粘连随，更要知太极推手是知人之知觉运动。初学滚推时，学者不可不知顶、偏、丢、抗是坏习惯。所难得者，沾粘连随，不丢不顶为功夫。

我师傅推手时，包含着各种巧妙的手法。既防人，又封人，即所谓“知己知彼，百战不殆”。知己须在平时练拳中稳扎稳练，日久便会自然而然地长出一股内气功力。推手不是讲大力吃小力，而是以柔化刚，以软制刚，以自身练出的柔化劲来卸除来自对手各方的劲力。根据对手条件情况的变化，及时调整自己的平稳性，我们谓之“平衡”，这能使自己立于不败之地。知彼是指在推手中自始至终贯彻了解对手的功力与实力。通过肌肤接触掌握对方的动作虚实，正确判断化解其动向意图，并采取相应技巧巧妙地破坏对方，使其失控。面对特定的情况，应尽可能不暴露自己的意向，叫做“人不知我，我独知人”。所以要求推手中随着变化而变化，圆活婉转，含蓄多变，用自己的独特圈圈劲，去化解各种劲力，及时洞察对手的破绽。我独知人，要求随屈就伸，虚实变化，舍己从人。归结起来，推手与练拳一样，必须用意投入、全神贯注、以静制动。

太极推手是训练身体敏感性、知人知觉的平衡运动，要求自身必须守住中定，随时能预测敌手，根据自身肌肤敏感所传的信号，作出正确的条件反射，及时掌控敌手，采取有效的具体措施，恰如其分地制服对手。常先生讲：“础润而知雨，见微而知著。”推手双方任何的小动作，都是敌手攻击的征兆，必须细心体察，并作出及时反应。不需要经过大脑考虑，其身体反应之度犹如闪电般，在瞬间制服对手，我们称之为条件反射，这就是功夫。

特别是在实战推手中，尽管强调肌肤接触，但只能微沾着对手皮肤，以了解对手的动态规律为目的，不宜用力过大。硬托蛮干，过早地将自己实力暴露给对手，便不能拒敌于门外，说明自身的功力差，给敌人敞开门户，反而给自己造成被动。因此，沾着对手并掌控对手的过程不能浅尝辄止，而应随机应变。

在日常推手过程中学会“沾”，在沾的同时学会如胶水一样粘着对手，叫做不即不离，防止小人突然偷袭。马老师讲：“步步看肘，手手看粘。”

推手中对待对手的各种小动作，要能舍己从人。“舍己”就是不以自己为中心，不凭自己主观愿望和力量去对抗对手。“从人”是因人所动，随屈就伸，以自己独特的圈圈劲去应变各种手法。坐身稳实，自身腰动而八面支撑，转换自如，悉心体会对手的功力情况，摸清其运动规律，及时了解发现对手的动作意图，即所谓“连”。

如果在推手过程中能掌握对手的运动规律，正确地判断对手意图，即当对手做出任何破坏我平衡的动作，我都能及时调整，并采取有效措施去化解来自对手各方劲路，则我们称为“随”。

沾粘连随也好，四两拨千斤也好，还有以柔克刚也好，一句话，即“不丢不顶”。“丢”是脱离对方，失去接触，不能及时了解对方的动向和意图，从而有受到对方攻击的可能性。使自己失去平衡，变成妄动，我们叫做“失势”。“顶”是严重的顶撞，根本不去了解对手的客观情况，也不知对手实力功力之大小，就企图用呆力犟劲顶抗拒敌，实际上是蛮干的一种错误推法，社会上称为“顶牛”。

平时，我们在练推手时，要运用好“掤、捋、挤、按、采、挒、肘、靠”作为攻防的基本措施。在练推手中，又要有沾粘连随的基本原则。常先生十分反对顶撞对抗。其实，在推手中“沾”中含有掤劲，在某种角度上来讲，它们的要求和用法完全相同。我们在滚肘翻臂时处处有掤劲。要随时用意识沾住对手，用身体柔软缠丝劲来牵制人，不失去“粘”字。用自身、腕、肘、肩产生的圆，因人所动，用粘以随人。圈圈劲用来化去对方劲力，使对方失去平衡，唯我所控制。圈圈能改变力的方向。反过来，圈圈又产生角度，使对方失去平衡。因此，滚肘翻臂时，处处是沾粘连随的具体应用。

常先生讲："人刚我柔谓之走化。我顺人背谓之粘化。"单纯的化不是无穷大。我们在推手中，粘与走、粘与柔、粘与软都是不同的概念。粘是走化的具体形态，柔是练拳后的条件反射；软是了解对手的一种手段，又是化劲的先决条件，不被对手击伤。

在滚肘翻臂推手中，应指出的是：圈圈小劲路巧妙，圈圈大反而被动。反过来讲，就是用意识去控制自己圈圈之大小，了解对方，对方有劲，我亦化之，对方无劲，我亦随之。要集中精神跟随对方的变化而变化，细心体察对方的实力大小，用意识去理解沾粘连随；用滚、翻、化、封为一气，连绵不断，随屈就伸，不丢不顶，方能在推手中立于不败之地。

附录：

太极打手歌

掤捋挤按须认真，上下相随人难进。
任他巨力来打我，牵动四两拨千斤。
引进落空合即出，沾粘连随不丢顶。

太极打手身法歌

被打欲跌须雀跃，巧挤逃时要合身。
拔背含胸含太极，裹裆护臂踩五行。
学者悟透其中意，一身妙法豁然能。

第九节　关于膝关节出现疼痛问题解答

常氏太极运动要求：轻、缓、柔、和。在学拳初始，由于动作不够规范，基本功不够扎实，可能会出现不同程度的膝关节疼痛现象。

太极运动对人体的运动系统，特别是肌肉和膝关节有着特别的技能要求。从学习大功架，再到柔软架，随着练习强度的增加，施加给肌肉和关节的负载力也在增加。因此，在训练中，不要忽视对膝关节的保护。根据长期练拳和教拳的经验，我对可能造成关节疼痛的原因和注意事项略作分析，供常氏太极爱好者参考。

常氏太极运动量大，其风格低沉婉转，舒展大方，内含折叠。动作要求腰旋、膝转、踝转和腕转，呈现立体螺旋缠丝劲的运动形式。大功架中强调以圈圈衔接各动作。柔软架强调旋腰转胯，旋膝转踝，旋臂转腕。常氏太极动作一般在半蹲半沉状态进行，膝关节的结构与直立时的摩擦力发生变化，为了维持身体的平衡和稳定，膝关节新肌群加大了膑韧带的牵拉力。另外，在动作转换过程中，另一实腿始终处在屈膝半蹲半沉状态，支撑自身的全部重量。随着身体的左旋右转或右旋左转，支撑实力的膝关节也同时产生内旋，缓慢的动作会增加膝关节的受力。膝关节是各个方向转换的支撑点，完成腰胯的转力，背脊劲力上下对拔，都需要膝关节的内外旋转配合。膝关节在承载身体重量的同时，也支撑身体位移和力度的变化，因而加大了对膝关节的牵拉与挤压。如果练法不正确，则容易出现疲劳和疼痛。所以，初练常氏太极时，应重视下肌肉群和耐久性力量的训练，不提倡过早地把拳架练到膝平，过多追求动作及外形功架低沉，而要注意对膝关节部位的保护，对运动量进行限制。

综上所述，下面我提出太极锻炼时的注意事项，以供常氏太极爱好者参考。练习太极拳，首先要力求姿势正确，动作规范，由浅入深，由高而低，循序渐进，如此方可避免膝盖劳损。另外，还应注意以下几点：

（1）选择合适的练习场地和用鞋。

在室外练拳要特别注意对场地的选择。最好选择表层柔软的土层或表面摩擦力小的硬质地面练拳。练拳时宜以穿宽松舒适的运动鞋或布质的软底鞋为佳，专用武术鞋最好。切记不宜穿防滑功能鞋以及皮鞋练拳，包括足球鞋、旅游鞋以及有跟的鞋子。

（2）重视准备运动和基本功训练。

学习常氏太极应把专项训练和练拳结合起来，不要误以为太极拳动作缓慢而忽视练拳前的各关节的准备运动。要重视各单动作练习，难度高可分段分节练习，它是辅助完成传统套路的必修课。膝关节的半蹲、半沉、内踩、外撇、旋转等动作，要在老师的指导下正确练习。我们应先学会用脚踝转动，使重心力均匀分散，以减轻膝关节在扭转摩擦中的压力。

（3）专门的下肢和膝关节力量训练。

下肢和膝关节的力量训练，是学习常氏太极的磨合期训练。磨合期训练是学员必修课程，我们定要重视练拳前素质训练，即以松骨、松腰来增加股四头肌磨合期训练，让自己尽快地闯过提高膝关节在半蹲半沉屈膝状态下的稳定性的磨合期。这种有效训练不仅能预防膝关节损伤，而且有利于防止膑骨韧带的劳损。

结束语

经过共同的努力，《宫廷（常氏）太极源流及精要》一书终于与读者见面了。常氏太极历经几代人的努力，得以不断推广和普及，练习的人越来越多了。通过本书的编写工作，我对常氏太极的认识有了新的提高，我也希望本书能为太极拳爱好者提供一些有益的参考。

我并非武林高手。其实，我只不过是一个平凡的人，一个常氏太极的爱好者和坚持者。中学时期，我家旧宅门前有一块百来平方米的泥土场地。每天来这里练拳的人不少，各家各派都有，然而唯有马殿臣老师所练的太极与众不同，引人注目。我也因此与常氏太极结缘。20 世纪 70 年代末，我有幸拜常氏太极传人马殿臣为师，从师学艺，至今已有四十余载。

几十年来，我谨遵常先生之遗教和马殿臣老师之教诲，在实践中不断参悟"详推用意终何在，延年益寿'百'老春"和"不徒做技击之末"之拳论。无论在逆境还是顺境之中，我都风雨无阻，勤学苦练，未敢有丝毫懈怠。而在太极拳界中，我以太极护身，远离江湖，与世无争，开方便之门，闭是非之口，敬重同行。《礼记·中庸》曰："大德必得大寿。"清代尤乘养生名著《寿世青编》中提到："夫心者，万法之宗，一身之主，生死之本，善恶之源。与天地可通，为神明之主宰，而病否之所由系也。""殊不知病皆由心生，孽由人作，佛氏谓一切唯心造，良不诬矣。"因此，"修心养性，使志无怒，清心寡欲；恬淡虚无，静养心神；宽容乐观，与人为善"是我的处世和养生之道。而与常氏太极相伴终生，传承常氏太极，尽我绵薄之力则是我毕生之追求。

恩师马殿臣先生虽已于 2003 年作古，然而我一日未敢忘记师恩，不敢辜负恩师对我的嘱托。2013 年正逢恩师马殿臣先生逝世十周年，为实现马老师的遗愿，我们编著了《宫廷（常氏）太极源流及精要》一书，以纪念恩师马殿臣先生。

《宫廷（常氏）太极源流及精要》一书，自 1986 年春天动笔伊始，中间虽有断续，但在2003年马殿臣老师去世之后，我们谨遵恩师重托，重新执笔，并于2010年冬天完成该书初稿。其间，对历史文稿和留存太极拳资料的收集和整理，抄录不懈，几经校正、修改。2012年底至2013年春，我们又对本书稿进行了全面的审阅和修订，并增加了拳照图谱。值得一提的是，为了完整保存与传承常家从全佑师祖和班侯老先生所继承之太极武学体系，我们完成了以杨班侯老先生所秘传之“三连架”为基础的“常氏太极混元内功柔软架”文稿的整理和撰写工作。这是常氏太极之精髓所在，凝聚了常家父子两代人以及马殿臣老师毕生心血！这也是我们常氏太极弟子共同的心愿和努力的结果。

1990年，严泗磊先生完成“文史录”初稿。1992年，整理完成前辈常云阶先生的“文储录”遗失稿件。1993年，为了更广泛地征求意见，我们对上述文稿作了进一步的修订。由于历史原因，严泗磊先生受到严重干扰，无法在生前如愿完成稿件的全部内容，于1998年冬离开人世，离世前先生把书稿托付于我，其中包括常先生义子郭诗龙先生的部分原始记录。斯人虽已逝，常氏太极同门和后辈仍然不忘严泗磊先生为常氏太极的付出。在这里我要特别感谢的是师辈吴邦才老师，他为本书提供了前辈常云阶先生出殡时的珍贵照片。此外，也衷心感谢陈马喜师弟和马老师之子马伟杰师弟的大力支持，他们分别为本书提供了马殿臣老师1982年和1993年的部分珍贵拳照。

由于本人文化水平有限，不善操作电脑，同时对于图书出版诸多事宜不甚了解，因此本书在最后的审稿和修改以及编排方面，得到了程逸汝、余宗廉、曾裕福、孙剑、包仁松、赵曦、程宇等人的大力协助。在该书的编写过程中，还得到了本门师辈的指教；还有王峰、黄炳熙、张龙根、施立奇、李彦等人，以及同门其他师兄弟和朋友们的鼓励与支持。我在此一并致谢！

刘泰山

2013年5月

图书在版编目（CIP）数据

宫廷（常氏）太极源流及精要／刘泰山编著．—广州：暨南大学出版社，2013.7
ISBN 978-7-5668-0610-9

Ⅰ.①宫… Ⅱ.①刘… Ⅲ.①太极拳—基本知识 Ⅳ.①G852.11

中国版本图书馆 CIP 数据核字（2013）第 119470 号

出版发行：暨南大学出版社

地　址：中国广州暨南大学
电　话：总编室（8620）85221601
　　　　营销部（8620）85225284　85228291　85228292（邮购）
传　真：（8620）85221583（办公室）　85223774（营销部）
邮　编：510630
网　址：http：//www.jnupress.com　http：//press.jnu.edu.cn

排　版：广州市锌建商务服务有限公司
印　刷：广州市怡升印刷有限公司

开　本：787mm×960mm　1/16
印　张：10.5
字　数：170 千
版　次：2013 年 7 月第 1 版
印　次：2013 年 7 月第 1 次

定　价：26.80 元